Pequeños Libros - Grandes Temas

Interpretación
de los
Sueños

Pequeños Libros - Grandes Temas

Interpretación de los Sueños

Eili Goldberg

Grupo Editorial Tomo, S. A. de C. V.
Nicolás San Juan 1043
03100 México, D. F.

1a. edición, abril 1999.
2a. edición, enero 2002.
3a. edición, marzo 2005.
4a. edición, octubre 2008.

© *Dream Interpretation*
Eili Goldberg
Astrolog Publishing House
Traducción: Luis Rutiaga

© 2008, Grupo Editorial Tomo, S.A. de C.V.
Nicolás San Juan 1043, Col. Del Valle
03100 México, D.F.
Tels. 5575-6615, 5575-8701 y 5575-0186
Fax. 5575-6695
http://www.grupotomo.com.mx
ISBN: 970-666-164-6
Miembro de la Cámara Nacional
de la Industria Editorial No. 2961

Realización del proyecto editorial: Luis Rutiaga
    Portada, redacción y formación.
Supervisor de producción: Leonardo Figueroa

Impreso en México - *Printed in Mexico*

Prólogo

"Todos los sueños han de llevarse a cabo a través de la realidad; el soñador debe pedirle al poema, al canto, a la danza o al trazo colorido; que exprese esa belleza intangible que rondaba por sus sueños".

Has despertado alguna vez y tal vez te has preguntado, ¿qué era todo eso sobre lo que soñaba?

Parecía como una película de Hollywood... ¡y eras la estrella!

Quizá estabas a punto de dar el primer paso por un puente; o tal vez ibas caminando despacio hacia una prueba importante que tendrías en la escuela; o quizá era peor... ya que te veías parado desnudo delante de una muchedumbre.

Esta guía de uso fácil te da una lista detallada de la descripción de los sueños, lo que indican, sus advertencias y simbolismos, y todo lo que ellos significan.

Eili Goldberg tiene la Maestría en Humanidades y ha publicado nueve libros sobre misticismo y psicología.

Actualmente vive en Israel.

Introducción

*¿Eres un sueño... o todo mi ser
siempre te ha soñado?*

Lo más fascinante sobre los sueños es su interpretación.

Todos nosotros soñamos y sentimos la necesidad de entender nuestros sueños.

Este libro es un repertorio completo de sueños que intenta ayudar a analizarlos y entender su significado.

Estos se han ordenado alfabéticamente, basándose en las herencias culturales, tanto Orientales como Occidentales.

También se han incluido las formas actualizadas de interpretar los sueños, aquellas que fueron desarrolladas durante este siglo por varios de los psicólogos y psiquiatras más destacados, como Freud y Jung.

Depende de ti, lector, el tomar este libro... ¡y dormir! Tus sueños se desplegarán ante ti con sus propios significados.

Puedes descansar con la seguridad de que podrás analizar tu próximo sueño, ya que hemos recopilado un repertorio claro y sencillo de los sueños, el cual puede ayudarte a interpretarlos por ti mismo.

Abandono: Si el soñador se ve abandonado, significa conflictos con un amigo. Si él se ve abandonando a otra persona, significa que pronto renovará contactos con un amigo.

Abanico: Un abanico elaborado significa que el soñador es arrogante y egocéntrico. Un abanico nuevo anuncia buenas noticias. Un abanico viejo indica que hay motivos para ser involucrado en serios incidentes o noticias desagradables.

Abeja: Una abeja o abejas en un sueño, significan que pronto habrá momentos felices en la familia. También significa que el soñador tiene buenos amigos.

Abismo: Mirar hacia abajo en un abismo, es señal de que se está a punto de tropezar con el peligro.

Abogado: Significa que el soñador está necesitando ayuda, consejo y guía.

Abrazar: Si se abraza a un miembro de la familia o a una persona cercana al soñador, refleja su necesidad de darse a los demás.

Abundancia: Claramente indica que el soñador tendrá una vida llena de prosperidad y riqueza.

Acampar: Soñar con dormir al aire libre es una advertencia contra la rutina y significa que se necesitan unas vacaciones. Soñar con ir a un campamento del ejército, predice matrimonio en un futuro cercano.

Accidente: Un accidente de tráfico significa que una mala decisión conducirá hacia un trato poco productivo. Si se sueña con un accidente que ocurre en un lugar desconocido, indica nula vida amorosa. Soñar con verse involucrado en un accidente de ferrocarril, indica que la confianza en sí mismo es exagerada. Si el soñador se ve en un accidente de aviación, es una advertencia contra malos tratos comerciales en un futuro cercano.

Aceite: El sueño de un hombre acerca del aceite, es una advertencia contra tiempos difíciles, llenos de desilusiones y frustraciones. Si una mujer sueña con aceite, se respetará a sí misma y tendrá un matrimonio feliz.

Aceituna: El olivo simboliza felicidad y riqueza para el soñador. Un sueño sobre cosechar aceitunas o en el cual hay aceitunas negras, anuncia un nacimiento en la familia.

Acordeón: Cuando el soñador está tocando el acordeón, es señal de que se casará pronto. Si el sonido sólo puede oirse pero no verse el instrumento, la desilusión puede esperarse. Tocar desafinado o notas que no están en la partitura, indica depresión y desaliento.

Acróbata: Significa que el soñador tiene un enemigo peligroso del cual no está consciente. Si el acróbata cae en el sueño, indica que una conjura se ha visto frustrada. Si el soñador se ve a sí mismo como acróbata, significa que necesita apoyarse en las personas cercanas a él.

Actor: Un actor en el escenario indica una conducta falsa por parte de uno de los amigos del soñador.

Acuerdo: Sugiere que los problemas del soñador se resolverán y sus preocupaciones desaparecerán por completo.

Adán y Eva: Este sueño significa que una persona anda en busca del aspecto virgen y original de la vida, o también, alguien que vive una vida en calma y en armonía consigo mismo.

Adulterio: Indica una conciencia culpable con respecto a la sexualidad del soñador.

Agua: Beber agua clara es señal de éxito, felicidad y abundancia. Beber agua contaminada es una advertencia contra problemas de salud. Soñar que se está jugando en el agua, significa que el soñador da mucho amor para aquellos que están cerca de él. Aguas caudalosas indican problemas con la independencia económica.

Aguacate: Indica éxito económico y mejoría en el estatus del soñador en su centro de trabajo.

Aguila: Una águila en un sueño no debe ser tomado a la ligera. Es bastante significativo e indica un deseo extraordinario por parte del soñador para desempeñarse en todo su potencial.

Aguja: Encontrar una aguja en un sueño predice una fuerte amistad con un nuevo conocido. Enhebrar una aguja muestra la naturaleza responsable del soñador. Una aguja rota es señal de aceptación y reconciliación. Coser significa que el soñador sufre de soledad.

Ahogarse: Si el soñador se ve ahogándose, es señal de que necesita la cooperación de un colega profesional. Si el soñador ve a otras personas ahogándose, predice cosas malas en el futuro.

Ahorcar: Si el soñador ve que va a ser ahorcado, indica una carrera prometedora. Si es otra persona la que está siendo ahorcada, significa que uno de los conocidos del soñador será pronto famoso.

Ajedrez: Si el soñador está jugando ajedrez, puede que tenga una pelea seria con un amigo o pariente, con consecuencias desagradables. Un tablero de ajedrez significa que el soñador se encontrará con nuevos amigos como resultado de la crisis que ha sufrido.

Ajo: Soñar con ajo se interpreta según el sabor del soñador: si le gusta el ajo, es un sueño positivo que predice éxito. Si por el contrario, el ajo le da asco, anuncia tiempos desafortunados.

Albaricoque: Soñar con albaricoques o estarlos comiendo, indica un buen futuro y éxito en los diferentes aspectos de la vida, con la excepción del romance.

Albatros: El soñador superará obstáculos y alcanzará su objetivo deseado.

Alboroto/Tumulto: Ciertos despliegues de rabia, violencia o conducta desenfrenada, indican que en la conciencia del soñador no hay claridad, y es aconsejable que revalorice sus acciones cuidadosamente.

Alcachofa: Indica falta de comunicación con la pareja, así como desavenencias y falta de habilidad para entenderlo a él o a ella.

Alcantarilla: El alcantarillado en un sueño indica un matrimonio fracasado, o enemigos ocultos o una mala relación comercial.

Alcoba: Normalmente se relaciona con el erotismo y el sexo. A veces, habla de un momento crucial y positivo en la vida de uno.

Alegría: Un sueño en el que haya gran alegría, risas y gozo; es en realidad una advertencia sobre tiempos difíciles que están por venir.

Alfombra: Caminar en una alfombra indica amor por el lujo. Verse limpiando una alfombra significa problemas personales en la vida hogareña o romántica de uno.

Almacén: Un almacén ordenado es señal de prosperidad económica, placer y abundancia. Un almacén vacío advierte contra decisiones incorrectas, sobre todo en el aspecto monetario.

Almendras: Verse comiendo almendras pronostica un viaje hacia lugares distantes.

Almohada: Advierte sobre una mala acción del soñador, la cual puede causar preocupación, turbación y falta de confianza.

Alondra: Es señal de eventos alegres y un matrimonio perfecto para el soñador.

Alud: Si el soñador se ve atrapado por un alud, significa que las cosas buenas vendrán por sí mismas. Si son otras personas las atrapadas por el alud, es señal de que el soñador anhela cambiarse a un lugar diferente.

Amigo: Si aparece un amigo en un sueño, significa que está en problemas o en peligro.

Amor: Si una persona soltera sueña con el amor, indica matrimonio en un futuro cercano. Si el soñador está casado, predice una pelea familiar. Soñar sobre la relación de una pareja en general, una que está basada en puras intenciones; sugiere alegría, felicidad y éxito. Si en el sueño la relación está basada en el abuso, en realidad significa desilusión.

Ancla: Simboliza seguridad, estabilidad y materialismo. El soñador tiene los pies bien plantados sobre la tierra.

Andamio: Es señal de que un mal paso dado por el soñador, puede ser la causa que riña con su amante e incluso que rompan.

Angel: Es una observación sobre la firme creencia del soñador en un poder superior, ya que por esto, no hace ningún esfuerzo por alterar su propio destino. También significa que en el matrimonio hay éxito.

Animales: El significado cambia según el tipo de animal. (Ver el animal en particular)

Animal Joven/Cachorros: Si un animal joven aparece con su madre en un sueño, indica sentimientos maternales. Los cachorros de animales salvajes simbolizan anhelo por la felicidad. Un animal domesticado joven es un indicio de la personalidad infantil del soñador.

Apetito: Un gran apetito por la comida y la bebida es señal de gran pasión sexual.

Apio: Este sueño indica que le sucederán cosas buenas al soñador; trayendo abundancia, felicidad y alegría en su vida.

Araña: En el contexto de la cultura europea, la araña simboliza a una mujer. El significado del sueño es que una mujer controlará la vida del soñador (aun cuando el soñador sea una mujer).

Arañar: Si el soñador araña a otra persona, es señal de que tiene una naturaleza muy crítica.

Arboleda: Si uno sueña con una arboleda, particularmente un bosquecillo verde, significa que la vida del soñador cambiará para mejorar. Una arboleda agonizante (como resultado del fuego o enfermedad) significa que el soñador debe hacer ahorros para su vejez.

Arboles: Arboles en flor es señal de un nuevo amor. Los árboles desnudos indican problemas matrimoniales.

Arco iris: Este sueño siempre es una buena señal: Felicidad, alegría, serenidad y placer vendrán a la vida del soñador.

Arco y Flecha: El soñador está consciente de sus talentos y tiene gran autoestima. Sabe confiar en él y en sus poderes de juicio.

Ardilla: Predice tiempos mejores, acompañados por éxito en todas los aspectos de la vida.

Arena: Este sueño indica conflictos y peleas con los miembros de la familia.

Arena movediza: Si el soñador es atrapado por arena movediza, indica que su estatus social y económico está mejorando. Si es otra persona la atrapada, es señal de que los demás soportan los esfuerzos que hace para lograr sus objetivos.

Arma de fuego/Pistola: Si se sueña con un disparo de pistola hace pensar en una falta de progreso en los negocios, así como su estancamiento. El soñador debe cambiar su forma de alterar èl curso de las cosas.

Arpa: Oir el sonido de un arpa, confirma la naturaleza melancólica del soñador. Un arpa rota significa que se tienen problemas de salud. Si se ve tocando el arpa, es una advertencia de que se es víctima de alguna clase de decepción relacionada con su vida amorosa.

Arroz: Este sueño sólo puede indicar cosas buenas en la vida personal o familiar del soñador: una mejoría en su vida sexual, encontrar la pareja perfecta y gran armonía familiar.

Artista: Los sueños sobre artistas, pintores u otras personas creativas en realidad indican lo contrario: el soñador no tiene talento artístico y haría mejor en buscar otras áreas en las cuales desarrollarse.

Ascensor: Si el ascensor sube, significa que el soñador está anhelando cambios positivos en su vida. Un ascensor bajando, indica la ausencia de éxito financiero y falta de iniciativa.

Aserrar: Si un soñador masculino se ve que está aserrando algo, es señal de que es confiable. Si una mujer es la que está aserrando algo, significa que uno de sus amigos, pronto le ofrecerá un consejo útil.

Asno: El rebuzno de un asno significa que el soñador está por superar una dolorosa relación familiar. Llevar un asno por una soga, confirma el poder de la fuerza de voluntad del soñador. Si el soñador es un niño, significa que necesita de sus amigos.

Astrónomo/Astrólogo: Esto muestra que el soñador está enfrentando el futuro con esperanza y que hay expectativas positivas.

Aterrizar (de un vuelo): Predice penalidades para el soñador en un futuro cercano. Sin embargo, las superará.

Aura: Si el aura abraza al soñador, es una advertencia sobre una amenaza a su estatus y a su imagen.

Automóvil: Cualquier tipo de sueño sobre un automóvil significa cosas buenas: se resolverán los problemas, las complicaciones quedarán atrás y la vida fluirá con facilidad.

Avena: Un caballo comiendo avena indica que el soñador deja tareas inconclusas de lado.

Avenida: Una avenida con árboles simboliza el amor ideal. Una avenida con árboles otoñales derramando sus hojas, significa una vida difícil llena de obstáculos.

Avestruz: Indica que el soñador o alguien de su familia, tiene problemas de salud.

Avispa: Si el soñador ve una avispa, significa que las malas noticias están en camino.

Azúcar: Indica un periodo favorable en la vida del soñador, acompañada por un cierto sentido de integridad y armonía con su ambiente.

Azucena: La azucena es considerada un símbolo de santidad entre los Cristianos y se relaciona con los sitios y las personas santas.

B

Bailar: Es señal de vitalidad, amor a la buena vida, sexualidad y salud.

Baile: Si el soñador se ve participando en un baile indica que tendrá una vida alegre y feliz, llena de amor.

Balanza: Indica aspiración por la justicia y habilidad para juzgar con propiedad. De vez en cuando una balanza que aparece en un sueño hace pensar en un conflicto conyugal.

Ballena: Es señal de que el soñador está privado del amor maternal.

Ballet: Significa traición, envidia y peleas.

Banca: Soñar con estar dentro de un banco indica problemas comerciales. Si el soñador se encuentra con el gerente del banco, significa quiebra. Soñar con dinero en pagarés es señal de prosperidad financiera.

Bandera: Significa que el soñador tiene un carácter agradable y tranquilo. Una bandera ondeando significa que el soñador debe dejar a un lado su desconfianza sobre la humanidad. Una bandera colgando indica desgracia.

Banquete/Fiesta: Soñar con un banquete en el cual hay muchos participantes, significa conflictos con la pareja. Si el soñador está solo en el banquete, indica matrimonio en un futuro cercano, pero que terminará en fracaso.

Baño: Soñar con tomar un baño indica éxito en los negocios. Si el agua no está clara, podría haber problemas y dificultades en un futuro cercano.

Bar: Indica inseguridad y anhelo por un futuro mejor. Una barra con un mozo significa que el soñador está anhelando dar una fiesta.

Barba: Una barba en un sueño atestigua el hecho de que el soñador tiene un carácter fuerte y la suficiente confianza en sí mismo (particularmente si la barba es blanca).

Barbacoa: Significa que el soñador está bajo presión emocional extrema y no está haciendo nada para cambiar esa situación.

Barco: Soñar con un barco sólo tiene relevancia si el capitán del barco aparece en el sueño. En ese caso, indica éxito en la mayoría de los aspectos de la vida del soñador.

Barco (de placer): Indica que el soñador anhela irse de vacaciones y soltarse el pelo.

Barricada: Predice una buena etapa en la vida. El soñador puede esperar una promoción en su trabajo y éxito al realizar sus objetivos.

Barro: Significa descontento. Desembarazarse uno mismo del barro o de arena movediza, representa la habilidad del soñador para salir de situaciones difíciles y complejas.

Bebé: Soñar con un bebé feliz indica que el soñador disfrutará el verdadero amor. Soñar con un bebé bonito predice verdadera amistad. Soñar con un bebé enfermo es señal de que el soñador tiene amigos traicioneros.

Beber: Beber bebidas alcohólicas indica pérdidas financieras. Si el soñador está borracho, puede esperar gran éxito. Beber agua, sin embargo, predice sufrir decepciones por alguien cercano.

Bebidas alcohólicas: Si el soñador se ve bebiendo bebidas alcohólicas, significa que debe tener cuidado o tomará un mal camino.

Beso: Si el soñador se ve besando a un extraño, es señal de que no está completamente consciente de lo que está pasando alrededor de él y esto podría causarle gran daño.

Bicicleta: Indica un estilo de vida frenético y la necesidad de reducir la velocidad. Si se ve bajando por un declive es una advertencia sobre un peligro en un futuro cercano. Si se ve, el soñador ascendiendo significa un futuro color de rosa.

Billar: Una mesa de billar con personas alrededor, indica problemas inesperados. Una mesa de billar aislada, indica que el soñador debe tener cuidado con aquellos que conspiran contra él.

Bizcocho/Galleta: Indica que el soñador tiene la tendencia de culpar a los demás por sus propios errores y acciones.

Boca: Una boca grande significa riqueza futura. Una boca pequeña significa problemas financieros.

Boda/Casamiento: Normalmente soñar con una boda expresa los deseos del soñador.

Cuando un soltero sueña con su propia boda, significa que las noticias desagradables están en camino. Si un soltero sueña con la boda de otra persona, significa que le espera un periodo de felicidad. Si una persona casada sueña con la boda de unos extraños, significa que tiene celos de su cónyuge.

Boleto: Comprar, recibir o dar un boleto a alguien, indica que un problema que ha estado molestando últimamente al soñador, pronto se resolverá.

Bolsa/Maletín: Predice el advenimiento de buenas e importantes noticias sobre el futuro del soñador.

Bolsillo: Un bolsillo simboliza el útero. El sueño se interpreta de acuerdo al contexto en que el bolsillo aparece. Puede indicar el deseo del soñador de retornar al útero, o alternativamente, su deseo de dejar atrás esta etapa de su vida.

Bosque: Entrar en un bosque denso hace pensar en problemas financieros, particularmente en un futuro cercano.

Bote: Anuncia cambios que mejorarán la vida del soñador. Un bote en aguas en calma indica cambio en el lugar de trabajo o residencia. Verse remando un bote es señal de éxito social así como el reconocimiento por parte de los colegas de profesión. Si el bote vuelca, es señal de que el soñador pronto recibirá noticias importantes. Un bote en tierra significa pérdidas financieras significativas.

Botones: Los botones de madera significan el éxito que sigue a un esfuerzo considerable. Botones de perla predicen un viaje en un futuro cercano. Botones de tela indican que la salud del soñador se está deteriorando y que debe tener cuidado. Perder los botones significa problemas familiares como resultado de pérdidas financieras. Encontrar un botón significa un ascenso en el trabajo y prosperidad en los negocios.

Brazo: Un brazo fuerte significa gran éxito inesperado. Un brazo débil significa una gran desilusión en la vida del soñador.

Brindis: Este sueño es señal de una vida familiar exitosa y agradable.

Bruja: Este sueño indica que pronto pueden esperarse malas noticias.

Búho: Simboliza cosas tristes: melancolía, duelo, pérdida, etc.

Buitre: Soñar con un buitre (o cualquier ave de rapiña) es señal de que un enemigo insensible y cruel amenaza al soñador.

Bulto: Advierte al soñador sobre una gran desilusión en un futuro cercano.

Búsqueda: Buscar algo le advierte al soñador que está actuando de prisa y que no presta atención a los detalles importantes y significativos. La búsqueda de una persona indica temor por la pérdida de algo.

C

Caballero: Soñar con un caballero indica que el soñador está molesto por ciertos problemas de estado y jerarquía, así como de la relación que hay entre el gobernante y los gobernados.

Caballo: Soñar con un caballo significa pasión o lujuria; montar un caballo blanco, negocio y éxito social; montar un caballo negro, fracaso; si es un caballo desbocado, pérdidas financieras; una caída de un caballo, apresurarse, prisa por casarse; montar un caballo salvaje, pasión sexual fuerte.

Caballo de carreras: Si el soñador es una mujer, indica problemas matrimoniales inminentes. Si el soñador es un hombre, advierte de cierto peligro de una fuente inesperada. El soñador debe ser cuidadoso y precavido.

Cabello: Una cabellera espesa y saludable, significa que el soñador se verá pronto involucrado en proyectos exitosos. Un sueño sobre un cabello pintado en exceso, indica vacilación, ansiedad y sospecha.

Cabeza: Si el soñador se ve herido en la cabeza, es señal de que tiene enemigos ocultos.

Cabra: Simboliza virilidad. A veces anuncia un premio sustancial por el trabajo duro.

Cacahuates: Significan que el soñador es sociable y será feliz por tener muchos amigos.

Cadáver: Indica que el soñador está tratando con la muerte, lo oculto o lo infinito. Si un hombre de negocios sueña con un cadáver, significa que su reputación se verá por los suelos, fallará en sus negocios o quebrará. Si un hombre joven sueña con un cadáver, hace pensar en un amor no correspondido.

Cadena: Una buena señal. Si se ve el soñador llevando una cadena de oro o plata predice que recibirá un regalo por parte de un admirador o un amante. Soñar con el broche de la cadena, indica que los problemas del soñador pronto se resolverán.

Café: Significa que el soñador está bajo presión emocional y padece tensión en su vida diaria.

Caja: Una caja cerrada significa problemas financieros. Una caja abierta significa que un secreto que hasta ahora, el soñador ha guardado celosamente, será revelado. Una caja rota, indica libertinaje. Una caja sellada, moralidad.

Caja fuerte: Significa matrimonio. Violar una caja fuerte, predice que el soñador se casará con alguien que aún no ha encontrado. Una caja fuerte vacía, indica matrimonio prematuro. Una caja fuerte llena, indica matrimonio tardío.

Calendario: Es una advertencia para el soñador, ya que no le da su real importancia a los problemas importantes y busca desacreditar a los demás y esto, muy probablemente, puede tener un efecto de bumerang.

Cama: Casi cualquier situación en la que se ve una cama en un sueño significa cosas buenas. Si el soñador se ve tendiendo una cama, indica matrimonio en un futuro cercano. Tendiendo la cama de un extraño, significa un nuevo y sorprendente giro en la vida de uno. Una cama malhecha, indica que el soñador tiene problemas con su sexualidad y su matrimonio.

Camello: Este sueño pronostica un buen futuro. El soñador superará obstáculos con la ayuda de sus buenos amigos.

Caminar: Caminar a lo largo de un camino sin desviarse, indica que el soñador debe hacerle frente a sus problemas. Pasear con pasos rápidos y firmes, significa que se superarán todos los obstáculos a lo largo del camino.

Camino: Soñar con un camino difícil, serpenteante y lleno de hoyos, es señal de éxito en el ámbito personal y comercial. Un camino llano y recto, indica conflictos familiares.

Campanilla: El sonido de una campanilla en un sueño, pronostica malas noticias con respecto a una relación distante.

Campeón/Campeonato: Indica que el soñador es ambicioso y competitivo, y que hará lo que este a su alcance para lograr sus metas.

Canal: Soñar con un canal de agua oscura significa problemas y molestias. Si el agua del canal es clara, significa que pronto se resolverán los problemas. Si crecen cizañas en el canal es una advertencia de enredos financieros. Caer en un canal indica un descenso en el estatus social. Saltar por encima del canal significa que el soñador mantendrá su autoestima.

Canalizo (de un tejado): De cualquier forma, significa que el soñador puede esperar una vida larga y sin preocupaciones. Trepar por un tubo de desagüe indica que el soñador prefiere huir en lugar de resolver sus problemas.

Candeleros: Una buena señal. Cambios para hacer mejor la vida personal, o participación en situaciones felices y éxitos financieros.

Cangrejos: Significan buena salud. Un solo cangrejo significa traición.

Canguro: Significa que el soñador no está satisfecho con su pareja.

Caníbal: Este sueño indica presión, ansiedad o lágrimas que abruman al soñador. También es posible que el soñador no tenga buena salud.

Canibalismo: Este sueño indica una cierta tendencia hacia la autodestrucción y la pérdida del autocontrol.

Cantar: Si el soñador u otra persona está cantando, es una predicción sobre un periodo difícil, lleno de obstáculos y problemas.

Cañón: Este sueño predice guerra, peleas o conflictos.

Capa: Si el soñador se ve llevando una capa, es señal de que inspira confianza a sus amigos.

Si otra persona está llevando la capa, es señal de que el soñador lo juzga por su fidelidad.

Capitán: Soñar con un capitán (de un barco o un avión) muestra la naturaleza ambiciosa del soñador y su deseo por dirigir a los demás.

Cara: Verse la cara en un espejo le indica al soñador que en un futuro cercano, será privado de ciertos secretos que influirán en su vida de forma significativa.

Caracol: Este sueño anuncia buenas noticias, muy conmovedoras en lo particular.

Caravana: Indica que el soñador emprenderá un viaje en un futuro cercano y que debe tener cuidado con el daño físico.

Caridad: Si ve recibiendo caridad, es señal de que los estados financieros del soñador se deteriorarán algo, pero no significativamente. Si se ve dando caridad en un sueño es señal de que mejorará su estado financiero.

Carillón (de un Reloj): Esta imagen en un sueño siempre anuncia cosas buenas, y entre más ruidoso sea, la vida será más feliz.

Carne: Si el soñador la cocina, significa buenas noticias. Si come carne preparada por alguien más, puede esperar tiempos malos.

Carpeta/Folder: Significa que el soñador necesita consultar a sus amigos o recibir ayuda de ellos.

Carpintería: Esto significa que el soñador está aburrido con su profesión u ocupación y que necesita variedad.

Carretes (de hilo): Indican un sentimiento de infelicidad debido a la incapacidad del soñador por hacerle frente a ciertas tareas que hizo a un lado.

Carta: Escribir o recibir una carta en un sueño, significa que buenas e inesperadas noticias están en camino.

Cartas: Ganar en un juego de cartas predice matrimonio en un futuro cercano. Perder en un juego de cartas significa que el soñador se verá pronto obligado a enfrentar riesgos.

Cartera: Si el soñador encuentra una cartera, indica prosperidad y éxito financiero. La pérdida de una cartera predice desilusión y frustración.

Cartero: Es señal de que el soñador está angustiado por las dificultades financieras, las relacionadas con los negocios y las sociales.

Cascada: Significa que los grandes esfuerzos que el soñador ha hecho no darán fruto. Si el soñador ve a otro persona nadando bajo una cascada, significa que esa persona está en peligro.

Cebolla: Indica dificultades, preocupaciones económicas y temor por las pérdidas. Pelar una cebolla significa que se renovarán esfuerzos para intentar y lograr un objetivo codiciado.

Cebra: Significa que el soñador padecerá una enfermedad severa o un accidente fatal en el futuro.

Ceguera: Si el soñador aparece como un ciego en su sueño, indica que no está totalmente satisfecho con su pareja. Si sueña con llevar a un ciego, significa que depende demasiado de alguien que en realidad no merece su confianza.

Celebración/Fiesta: Si el soñador disfruta en una celebración o una fiesta, es señal de que vendrán tiempos mejores. Si la fiesta es formal, sin que haya baile o un buen ambiente, es señal de que el soñador ha cometido varios errores, por los que deberá pagar su precio.

Cemento: Cualquier forma de cemento en un sueño significa cambio para mejorar el estado financiero del soñador.

Cementerio: Indica que las buenas noticias están en camino, o que un amigo enfermo se está recuperando. Soñar con la muerte de algún miembro de la familia predice un periodo de tensión y problemas.

Cera: Este sueño es una advertencia contra el derroche y la extravagancia.

Cerca: Una cerca estropeada en un sueño, es señal de que se resolverán problemas en un futuro cercano. Si una mujer joven sueña con una cerca, indica que está anhelando casarse y tener hijos. Una cerca de color verde significa verdadero amor.

Cerdo: En la cultura Occidental, un cerdo significa una personalidad difícil, aquel que no se lleva bien con los demás. Pero en el Lejano Oriente, es señal de abundancia económica.

Cereal: Es una advertencia sobre ciertos enemigos peligrosos que pueden complicarle la vida al soñador.

Cerezas: Este sueño indica bondad y lealtad y predice cosas buenas. Si se ve el soñador comiendo cerezas es señal de que los deseos personales están a punto de hacerse realidad.

Césped: Indica que los deseos del soñador están dentro de sus posibilidades. No hay necesidad de buscarlos fuera, ya que están a la mano. El césped verde indica que se cumplirán los anhelos y las expectativas.

Cesto (tejido): Si se desborda el cesto es señal de éxito social y financiero. Un cesto vacío, sin embargo, indica desilusión, tristeza y depresión.

Cicatriz: Indica la incapacidad del soñador para romper con su pasado.

Ciclamen: Para los hombres, un sueño sobre esta flor significa impotencia. Para las mujeres, significa la incapacidad para mantener relaciones saludables con los hombres.

Cielo: Este sueño indica un cambio para mejorar, acompañado por felicidad y alegría.

Ciervo: Simboliza la figura del padre o el deseo de parecerse a alguien que está cerca de uno, ya que es una imagen de autoridad.

Cigarros: Si alguien le enciende un cigarro al soñador, significa que pronto necesitará ayuda de otra persona. Si la colilla del cigarro aparece en un cenicero, indica la incapacidad para cumplir sus esperanzas y anhelos.

Cigüeña: Significa renovación y un cambio para mejorar la vida del soñador.

Cinta/Listón: Es señal de extravagancia. Soñar con una novia con las cintas desgastadas, indica que las intenciones del novio no son honorables.

Cinturón: El soñador recibirá pronto y de manera inesperada una gran suma de dinero.

Ciruela: Indica que el soñador tiene enemigos de los cuales no está consciente.

Cisne: Este sueño indica que la vida familiar es agradable. Un cisne negro significa que se tiene una pareja buena y generosa; un cisne blanco indica que hay felicidad en el matrimonio y que la descendencia será afortunada.

Cobra: Es señal de serios problemas sexuales (particularmente en el caso de hombres).

Cocina: Esta imagen aparece principalmente en los sueños de las mujeres. Confirma el estar satisfecho con la vida familiar y la fidelidad de los amigos.

Cocinar: Este sueño normalmente se relaciona con la sexualidad. Las fases diferentes del cocinado: antes de, durante y después de; son similares al pasado, presente y futuro en la vida del soñador. Soñar con cocinar, es un aviso sobre problemas de salud.

Cocodrilo: Significa que alguien cerca del soñador está comportándose de una forma excepcionalmente amistosa; sin embargo, bajo esa cordialidad exterior, está trazando planes para dañarlo.

Codo: Indica que el soñador está envuelto en actividades que no le hacen justicia a sus habilidades.

Cojear: Si el soñador está cojeando, es señal de que siempre tendrá amigos cerca de él. Si otra persona está cojeando, es señal de que el soñador será defraudado penosamente.

Cojo/inválido: Cualquier sueño sobre una persona inválida (la naturaleza de la invalidez no es pertinente) confirma de hecho que la conciencia del soñador le está diciendo que ayude a otros menos afortunados que él.

Col: Este sueño confirma la naturaleza perezosa del soñador, una característica que influye significativamente en los logros de su vida.

Coliflor: El soñador puede esperar tiempos en calma y un periodo tranquilo en su vida.

Collar: Si el collar está firmemente asegurado alrededor del cuello del soñador, significa que éste tiene miedo de una persona fuerte que lo intimida.

Colmena: Indica boda, nacimiento o un compromiso en un futuro cercano.

Colores: Todos los colores del espectro, con excepción del negro, son buena señal. Colores luminosos, indican seguridad y tranquilidad; el blanco, inocencia y pureza; azul, la superación de los problemas con la ayuda de los amigos; amarillo, altas expectativas; naranja o gris, uno debe tener paciencia; rojo, eventos sociales; verde, envidia; marrón, buenas noticias; rosa, una sorpresa; negro, mal humor y depresión.

Combustible/Gasolina: Es una advertencia: El soñador debe alejarse de cualquier situación que lo podría llevar a tener un enfrentamiento con aquellos cercanos a él.

Comer: Anuncia confianza y estabilidad económica. Comer junto con otra persona, indica que se es tolerante y amistoso.

Cometa: Volar un cometa en un sueño, indica que el soñador disfruta compartiendo sus sentimientos con los demás y que logrará todos sus objetivos en la vida.

Comida: Si el soñador se ve comiendo y disfrutando de ello, anuncia tiempos mejores y felices por venir: ¡Sus aspiraciones se realizarán!

Compás: Significa lealtad: el soñador tiene amigos fieles que vendrán en su ayuda.

Compromiso: Este sueño predice ciertos desacuerdos temporales con la pareja de uno, los cuales finalmente se resolverán.

Concha/Ostra: Significa que sólo cosas buenas y positivas vienen en camino: felicidad, alegría, éxito financiero y comercial.

Concurso/Competición: Significa que el soñador debe resistir una tentación intensa.

Conejo: Si el conejo es blanco, significa que el soñador no cumple sexualmente y que está descontento con su vida sexual.

Conferencia: Si el soñador está dando una conferencia delante de un público, indica que disfrutará gran éxito profesional.

Confusión: El caos y el desorden en un sueño advierte sobre posibles accidentes y obstáculos. Uno debe estar más alerta.

Cono (de un pino): Un cono de pino cerrado significa una firme unión familiar; un cono de pino abierto indica que una familia se ha separado y que siguen rumbos diferentes.

Contador: Soñar con un contador está relacionado con los problemas financieros del soñador. Una conversación con un contador, significa que el soñador tiene un fuerte deseo de mejorar su forma de vivir.

Conversación: Una conversación entre el soñador y otra persona indica dificultades que pueden darse en el trabajo o en el negocio; tales como robo, daño, etc.

Coral: Es una advertencia contra dar un paso en particular en cualquier aspecto de la vida.

Corazón: Cualquier tipo de sueño relacionado con el corazón, anuncia buenas noticias en todos los aspectos de la vida.

Corral: Este sueño pronostica un periodo de felicidad y alegría, así como de prosperidad económica.

Correo: Soñar con una oficina de correo, indica que el soñador tiene una conciencia culpable por una deuda pendiente o un compromiso.

Correr: Es señal de que durante un viaje en un futuro cercano, el soñador se encontrará a alguien que tendrá gran influencia en su vida.

Cortar: Indica una relación enfermiza con alguien cerca del soñador. Cortarse uno mismo, indica problemas familiares.

Cortina: Cerrar una cortina significa que las personas que están cerca del soñador están tramando algo contra él y lo están engañando.

Cosecha: Una de las mejores imágenes que pueden aparecer en un sueño. Predice éxito económico, social y familiar.

Cráneo: Este sueño es un símbolo de problemas familiares.

Crimen: Un encuentro con un delincuente en un sueño advierte sobre ciertos individuos problemáticos. Si el soñador aparece como un delincuente, es señal de que no está consciente de las penalidades de los demás.

Crisantemo: Este sueño normalmente significa amor o un afecto profundo.

Cuaderno: El soñador tiene problemas para romper con su pasado.

Cuadro: Este sueño muestra un fuerte deseo por tener éxito y evitar el fracaso.

Cuarto (cerrado): Significa que el soñador contiene sus temores o tiene una relación poco satisfactoria con su pareja.

Cuchara/Cucharilla: Confirma una vida familiar, agradable y feliz. Perder una cuchara o una cucharilla representa lo que siente el soñador por aquellos que no le tienen confianza, aunque él no les haya hecho ningún mal.

Cuchillo: Es una advertencia. Cualquier tipo de cuchillo sólo puede significar tiempos desfavorables: riñas domésticas, falta de comprensión, arranques violentos y lágrimas.

Cuello: Soñar con recibir una condecoración en el cuello, significa que se tiene una vida amorosa plena.

Cuenco: Un cuenco lleno predice peleas o discordias con la pareja. Un cuenco vacío es señal de tranquilidad, quietud y descanso.

Cuerno (animal): Significa problemas sexuales. La interpretación del sueño depende del contexto en que el cuerno aparece.

Cuervo: Este sueño significa creencias místicas o magia negra.

Cueva: Si el soñador se ve escondiéndose en una cueva, significa que alguien está esparciendo rumores negativos sobre él y desea causarle daño.

Cuna: Una cuna vacía habla de falta de confianza o problemas de salud. Si el soñador se ve meciendo a un bebé en una cuna, indica problemas matrimoniales.

Ch

Chal/Bufanda: Soñar con una bufanda no es una buena señal. Si el soñador se ve envuelto en una bufanda, significa que tiene una cierta tendencia hacia la depresión. Si una mujer sueña con un chal que le molesta cuando lo lleva puesto, significa que pronto un secreto íntimo acerca de su vida se revelará.

Chamarra: Casi en cualquier situación en que una chamarra aparece (llevarla, venderla o comprarla) indica que le pagarán una cierta inversión y que el soñador se beneficiará por ello. Llevar puesta una chamarra que pertenece a alguien, significa que el soñador necesita ayuda de esa persona. Verse perdiendo una chamarra indica que el soñador debe ser cauto al tomar cualquier decisión comercial.

Champú (lavado del pelo): Este sueño indica chismes y secretos revelados.

Chico/Pequeño (físico): Si el soñador o uno de sus amigos aparecen como una persona de talla pequeña, significa que el soñador progresará en la mayoría de las áreas de su vida.

Chícharos: Este sueño anuncia una buena etapa, trayendo prosperidad y crecimiento económico.

Chimenea: Este sueño predice éxito. Una chimenea con humo anuncia que llegan buenas noticias para el soñador. Una chimenea rota es un presentimiento de molestias y problemas.

D

Dados: Simbolizan juegos de azar. Si la situación financiera del soñador es realmente buena, significa que obtendrá ganancias substanciales del juego, y viceversa.

Daga: Significa que el soñador no confía en aquellos que están cerca de él.

Dátiles: Predicen el matrimonio del soñador o de uno de sus amigos en un futuro cercano.

Dedal: Significa que el soñador es poco realista y que ambiciona lo imposible.

Dedo: Un dedo lastimado indica la imagen herida de uno mismo. El dedo lastimado de otra persona indica incitación al chisme y a la calumnia, todos dirigidos contra el soñador.

Delfín: El soñador está buscando soluciones a sus problemas en el entorno de la magia y el misticismo, también sugiere que el soñador se está apartando de la realidad.

Depresión: Soñar con depresión indica lo opuesto: el soñador tendrá una oportunidad única para desembarazarse de su situación presente y mejorar su vida de manera irreconocible.

Desastre: Indica que los enemigos del soñador, trazan planes contra él; particularmente en su centro de trabajo, y se le aconseja que busque protección contra ellos.

Desayuno: Indica que el soñador se enfrentará a una prueba difícil y teme fracasar.

Descalzo: Si el soñador se ve descalzo, es señal de que su camino estará sembrado con obstáculos, pero los superará todos.

Desertar/Abandonar: Soñar con desertar de un trabajo, sobre todo si el soñador tiene una buena posición, indica que sus planes se realizarán en un futuro cercano.

Desierto: Si el soñador se ve caminando en el desierto, anuncia un viaje. Si ocurre una tormenta durante el sueño, significa que el viaje no será satisfactorio. Si el soñador está en el desierto y padece hambre y tiene sed, significa que necesita darle vigor a su vida.

Desnudez: Caminar o nadar medio desnudo y solo, significa que la pareja de uno le es fiel. Caminar desnudo entre personas vestidas predice una etapa llena de escándalo.

Despertar: Si se sueña que se está despertando de un sueño, significa que una persona cercana y querida está a punto de aparecer, y traerá mucha alegría.

Desventaja: Si el soñador se ve en desventaja, puede esperar una mejora en su estatus social y en otras áreas de su vida. Superar una desventaja significa que el soñador librará todos los obstáculos a lo largo del camino.

Diablo: Este sueño predice en realidad, un mejor futuro y más tranquilo.

Diamante: Significa conflictos, confusión y desorden en la vida familiar del soñador.

Diario: Significa codicia excesiva o celos patológicos de alguien cercano al soñador.

Dientes: Soñar con los dientes o con un dentista, es una advertencia sobre problemas de salud. El soñador deberá tener cuidado en un futuro cercano.

Digestión: Soñar con el sistema digestivo o con algunos de sus componentes o sensaciones relacionadas, indica problemas de salud.

Diluvio/Aguacero: Significa penalidades e incapacidad para entender el entorno en que uno se desenvuelve.

Dinero: Encontrar dinero es señal de que hay una oportunidad única que no puede ser pasada por alto. Ganar dinero significa que el soñador debe considerar sus acciones con cuidado. Robar dinero indica el miedo de perder autoridad.

Dios: Si uno sueña con Dios como una abstracción, como un objeto concreto (una escultura religiosa) o como una imagen de él, o si el sueño es sobre cualquier tipo de ritual; esto refleja la relación del soñador con la religión. Soñar con Dios anuncia serenidad, estabilidad y seguridad.

Disparar: Si alguien le dispara al soñador, significa que teme por pérdidas importantes en el futuro.

Diversión: Estar divirtiéndose o de buen humor en un sueño, significa que el soñador tendrá pronto buena suerte. Soñar con algún tipo de entretenimiento significa que una oportunidad está a punto de presentarse y sería una lástima desaprovecharla.

Divorcio: Dicen que soñar con el divorcio, indica problemas sexuales. Si el soñador está casado, significa que seguirá alegremente casado. Si una persona soltera la cual tiene una pareja, sueña con el divorcio, significa que se siente inseguro con está relación.

Doctor: Ver a un doctor en una clínica indica que se tiene una necesidad urgente de ayuda. Si el soñador se encuentra con el doctor en una reunión de tipo social, es señal de buena salud.

Dolor: Este sueño muestra que el soñador está rodeado por un ambiente favorable y amoroso. Entre más fuerte sea el dolor, es más significativo para el soñador que los demás estén cerca de él.

Dolor de cabeza: Indica la necesidad que el soñador tiene de sus amigos para recibir su ayuda.

Dominó: Ganar un juego de dominó indica que el soñador disfruta el ser apreciado por los demás y recibir sus cumplidos. Perder un juego de dominó, significa que los problemas del soñador también preocupan a los demás.

Dormir: Si el soñador se ve durmiendo, le advierte sobre ciertas personas que intentan dañarlo.

Dragón: Significa tiempos difíciles en los que el soñador acude a un poder superior por ayuda y no hace ningún esfuerzo de su parte por mejorar su situación. Si el soñador es joven, un dragón es señal de una boda próxima.

Ducha: Indica un anhelo por la sexualidad y el amor. Si el soñador se ve tomando una ducha con su pareja, indica una vida sexual magnífica.

Dulces: Una caja llena de dulces predice que la situación económica del soñador está a punto de mejorar. Si una mujer sueña con recibir una caja de dulces, es señal de que tiene un admirador secreto. Si el soñador le envía una caja de dulces a otra persona, predice una desilusión.

Dulzura: Soñar con comer algo dulce, significa que el soñador posee un gran nivel de percepción interna y autodominio.

E

Edad: Si el soñador o los que están cerca de él aparecen más viejos de que lo que son en realidad, o si el soñador está angustiado por su edad, significa que se enfermará en un futuro cercano. Si él o los que están cerca de él aparecen más jóvenes de lo que son, es aconsejable para el soñador evitar entrar en conflicto con ellos.

Edificio: El significado del sueño es de acuerdo a la altura del edificio. Una altura media indica cambios en un futuro cercano. Un edificio alto pronostica gran éxito en un futuro cercano.

Elefante: Predice que el soñador encontrará a ciertas personas que se harán sus amigos.

Elogio: Este sueño es señal de buenas noticias (matrimonio) traídas por un amigo íntimo.

Embarazo: Es una advertencia para el soñador por su descontento con la situación presente y su anhelo por darle vuelta a la hoja.

Empaquetar: Indica un anhelo por el cambio. Si el soñador no termina de empaquetar, es señal de frustración.

Enano: Indica buenas noticias. Un enano que está enfermo o herido sugiere que el soñador tiene enemigos escondidos.

Enfermera: Si una enfermera aparece en un sueño, hace pensar en cosas buenas por venir, principalmente éxito en el trabajo o una mejoría en la situación económica.

Enojo: Pronostica buenas e importantes noticias para el soñador. Enojarse con una persona conocida, indica que ésta no merece la confianza del soñador. Enojarse con una persona desconocida, indica que la vida del soñador cambiará pronto para mejorar.

Ensalada: Soñar con preparar o comer una ensalada, indica que uno de los talentos ocultos del soñador, pronto se manifestará y lo cubrirá de gloria.

Entierro: Contrariamente a lo que parece, un entierro significa nacimiento o matrimonio.

Entrevista: Este sueño sugiere que pronto habrá una promoción y se tendrán buenas noticias de un conocido íntimo.

Envidia/Celos: Si el soñador tiene envidia de otra persona, anuncia posible desilusión. Si otra persona es la que tiene envidia del soñador, anuncia éxito y buena suerte.

Enviudar: Si se sueña con que su cónyuge enviuda, esto asegura una vida larga para su pareja. Una persona soltera que sueña con enviudar puede esperar un matrimonio en el futuro.

Escalera (de mano): Si el soñador sube una escalera de mano sin problemas, es señal de que ambiciona ser comprendido. Si hay temor de ascender por una escalera de mano, o de que suceda un accidente (como caerse de la escalera de mano) es una predicción terrible. Una escalera de mano apoyada contra la pared significa que uno de los parientes del soñador le es desleal.

Escarabajo: El soñador puede esperar un futuro brillante. Será importante y famoso.

Escasez/Hambre: Predice cosas particularmente buenas e indica un cambio total y positivo
en la vida del soñador.

Escoba: Si el soñador se ve barriendo con
una escoba, indica un momento crucial en su
profesión. Una escoba tirada en el piso significa
una separación inminente de un amigo íntimo.

Escondite: Si el soñador se ve oculto en un
escondite, es señal de que pronto recibirá malas
noticias.

Escribir: Si el soñador está escribiendo una
carta, significa que ésta llegará. Si son otros los
que están escribiendo la carta, el soñador peleará
con alguien cercano.

Escuchar (detrás de las puertas): Si son
otros los que están escuchando detrás de la
puerta del soñador, es una advertencia sobre
ciertos problemas. ¡Si es el soñador el que está
escuchando detrás de las puertas de otros, puede
esperar gratas sorpresas!

Escuela: Soñar con la escuela indica
ansiedad por el fracaso. Si el soñador se ve
como adulto en el sueño, indica frustración y una
cierta sensación de oportunidades perdidas y
fracaso. Si el soñador es una persona joven,
significa que está evitando su responsabilidad.

Espárrago: Significa que las buenas y acertadas decisiones hechas por el soñador, deben seguir los dictados de su corazón y no escuchar los consejos de los demás.

Espía: Si el soñador se ve como un espía, predice una aventura fallida.

Espina: Significa que alguien cercano al soñador está tramando algo contra él y busca dañarlo.

Esposas: Indican una relación imposible o problemas relacionados con el sistema judicial. Si en el sueño se es liberado de las esposas, significa que el soñador no es una persona ordinaria.

Esqueleto: Es señal de que los problemas del soñador, pronto se resolverán.

Estantes: Estantes vacíos indican que habrá pérdidas y fracasos. Estantes llenos son señal de gran éxito financiero y material.

Estaño: Es una advertencia sobre aquellas personas falsas que están cerca del soñador.

Estatua: Es señal de un cambio voluntario en la vida del soñador.

Etiqueta: Si en el sueño aparece una etiqueta con un nombre o un artículo, anuncia un futuro lleno de sorpresas.

Eva y la Manzana: Soñar con la historia de Eva en el Jardín del Edén, normalmente simboliza habilidad por parte del soñador para resistir la tentación.

Explosión: Significa que uno de los amigos del soñador está en peligro.

Extraño: Soñar con un extraño, sobre todo uno que lleva un traje negro, representa una advertencia sobre un periodo desfavorable y la depresión que hay en la vida del soñador

F

Facturas: Si el soñador se ve pagando facturas, es señal de que sus preocupaciones financieras desaparecerán rápidamente sin dejar rastro. Si se ve preocupado por no haber pagado las facturas, significa que ciertos enemigos que tiene el soñador están extendiendo sus murmuraciones sobre él.

Faisán: Es símbolo de riqueza, bienestar y prosperidad económica.

Fama: Soñar sobre la fama del soñador o de alguien cercano a él, es una advertencia sobre ciertos eventos que serán origen de nerviosismo e inquietud.

Fantasma: Si un fantasma aparece y se conversa con él, indica ciertas dificultades que reproducen la muerte de alguien y el deseo de hacer contacto con el muerto.

Faros (de automóvil): Si el soñador se ve deslumbrado por los faros de un automóvil, significa que debe tomar medidas rápidamente de manera que pueda prevenir posibles complicaciones.

Fatiga: Es una advertencia contra tomar decisiones incorrectas por parte del soñador que afectarán toda su vida.

Fealdad: Significa sólo cosas buenas para el soñador.

Felicidad: Contrariamente a lo que parece, soñar con la felicidad pronostica penalidades y peligro, particularmente en el centro de trabajo.

Feria/Bazar: Soñar con estar en una feria, significa que el soñador debe mostrarse modesto en un futuro cercano y no parecer demasiado sobresaliente.

Fiebre: Una fiebre alta advierte contra ciertas acciones injustas y hechos que traen como consecuencia resultados negativos.

Flauta: Si el soñador se ve tocando la flauta, indica talento musical oculto. Escuchar que la flauta está siendo tocada por alguien más, significa que el soñador puede confiar en sus amigos.

Flores: Recogiendo flores en un sueño significa que el soñador puede contar con sus amigos que no lo decepcionarán. Flores tiradas en un sueño predicen conflictos con alguien cercano. Si el sueño es sobre arreglos florales, puede esperarse una sorpresa agradable.

Flotar: Soñar con flotar en el aire es muy común. Normalmente indica que el soñador debe enfocar sus esfuerzos hacia un sólo objetivo en la vida.

Fortaleza: Si el soñador está dentro de una fortaleza, significa que tiene un deseo ardiente de volverse rico. Si la fortaleza se ve a la distancia, advierte frustración y un sentimiento de haber sido hecho a un lado. Si el soñador vive en la fortaleza, significa que adquirirá mucha riqueza.

Fotografía: Cualquier tipo de fotografía indica un viaje largo. Si una mujer sueña con una cámara, significa que pronto tendrá un encuentro afectuoso con un hombre.

Fracaso: Contrariamente a lo que podría esperarse, este sueño predice un éxito real y la superación de obstáculos.

Frambuesa: Este sueño indica un fuerte deseo por tener relaciones sexuales apasionadas.

Fruta: Es una predicción sobre cosas buenas y placenteras para el soñador en el futuro.

Frutas (secas): Es una advertencia: El soñador no fue cauto al tomar una cierta posición o tomó una decisión apresurada.

Fuego: Es una advertencia sobre ciertos problemas que podrían surgir cerca del soñador.

Fumar: Predice un periodo desfavorable, acompañado por frustración y ansiedad.

Funcionario: Indica que el soñador necesita de una figura autoritaria para que trace su camino.

G

Gacela: Indica que el soñador es un solitario.

Galopar: Ir galopando en un caballo confirma que el soñador está en el camino directo hacia el éxito.

Gallina/Gallo: Una gallina con polluelos indica la necesidad de planear las cosas con cuidado antes de actuar. Oir un gallo en un sueño indica confianza exagerada.

Ganado: Este sueño indica éxito financiero en un futuro cercano. Confirma la personalidad conservadora del soñador y su tendencia a calcular cada paso.

Ganancia: Si el soñador recibe una gran suma de dinero, es señal de decepción y rechazo, y el ser llevado al mal camino por uno de sus amigos íntimos.

Ganso: Es una advertencia. Las expectativas del soñador no se verán cumplidas. Si se sueña con matar un ganso, puede esperarse gran éxito.

Garza: Hace pensar en un cambio que ocurre en la vida del soñador. Algunos interpretan este sueño como un símbolo de estancamiento, falta de desarrollo y estar atrapado en la rutina.

Gato: Este sueño indica destreza, subversión, falta de confianza y alevosía. Se le pide al soñador que examine a sus amigos y confidentes con cuidado.

Gaviota: Es señal de malas noticias: es probable que el soñador oiga noticias que le causarán tristeza y dolor.

Gemelos: Significa que el soñador tomará una decisión la cual no provocará los resultados contemplados.

Gerente/Jefe: Cualquier sueño en el cual el soñador es el gerente y otra persona es el jefe, indica una promoción en el trabajo, así como mejoría en el estatus económico y social.

Germen: Indica la hipocondría del soñador y el miedo constante que tiene de estar enfermo.

Gigante: Es una señal de la habilidad del soñador para hacerle frente a los problemas y superarlos, a pesar de todo tipo de penalidades. También puede indicar problemas emocionales que se manifiestan principalmente por ciertos sentimientos de inferioridad.

Girasol: Este sueño significa sol, luz y calidez.

Gitano: Es una advertencia. El soñador debe tener cuidado con un estafador que le hará padecer en el futuro. Si el soñador aparece como un gitano, es señal de que en el futuro viajará hacia otras tierras para buscar la felicidad.

Globo: Indica grandes desilusiones en el futuro. Un globo grande usualmente hace pensar en ambiciones. Un globo que cae desde lo alto, significa regresión.

Gloria: Es señal de que el soñador ha alcanzado la cúspide en sus aspiraciones y que de aquí en adelante, todo su camino será cuesta abajo.

Golpear: Si el soñador ha golpeado a alguien, perderá un caso judicial. Si el soñador se ha golpeado, lo ganará.

Granada: Una granada o un árbol de granadas, sugiere que el soñador teme ser víctima de la infidelidad sexual por parte de su pareja.

Granja/Rancho: Pasear por una granja significa éxito en los negocios. Si el soñador está enamorado, puede esperar tener una relación feliz.

Granjero: Este sueño hace pensar en una vida de prosperidad y abundancia; éxito en todas los aspectos: económico, social, personal y de salud.

Grifo (llave de agua): Una llave de agua que fluye, indica incremento comercial y éxito financiero.

Grosella: El soñador está evitando a alguien, el cual es incapaz de confrontar. Si se ve cosechando grosellas indica que la personalidad del soñador es optimista, ya que tiene la habilidad de mirar siempre el lado luminoso de las cosas.

Guantes: Perder los guantes, significa pérdida de control en los negocios o pérdida financiera debido a una decisión incorrecta.

Guerra: Si el soñador declara la guerra, significa éxito en el área de los negocios y la economía. Si sólo es testigo de una guerra, significa que debe evitar acciones que podrían ponerlo en peligro y sólo actuar si lo ha considerado con cuidado.

Guía/Instrucción: Significa que en un futuro cercano hay probabilidades de tener un encuentro con una persona que tiene cierta influencia positiva sobre el soñador.

Gusano: Su significado es igual que soñar con una serpiente, pero en menor grado.

Hacha: Significa el fin de un conflicto familiar, lucha o forcejeo. Un hacha afilada simboliza progreso; un hacha embotada significa que el negocio marchará con lentitud.

Helecho: Este sueño indica un insólito y fuerte apetito sexual.

Hermano/Hermana: Soñar con un hermano debe interpretarse según los rasgos del carácter que tiene la familia del soñador.

Herradura: Significa que el soñador se embarcará en un viaje por mar en un futuro cercano.

Herrero: Es bastante raro soñar con un herrero. Sin embargo, indica un espíritu dividido.

Hiedra: Indica que el soñador es sensible y que sigue las tradiciones de las personas con las cuales creció.

Hierbabuena/Menta: Significa buenas noticias: el soñador pronto recibirá una herencia importante de una fuente inesperada.

Higo: Soñar con un higo anuncia buenas noticias.

Hijo/Hija: Representa la necesidad de ser respetado por los demás. Un sueño sobre un hijo perdido o enfermo es una advertencia sobre el futuro.

Hilo: Un hilo roto indica desilusión o pérdida provocadas por el carácter compasivo del soñador.

Hipopótamo: Es una advertencia sobre problemas de sobrepeso o se refiere a ciertos sentimientos de inferioridad.

Hojas: Si uno sueña con un árbol con hojas verdes, es señal de que la vida amorosa de uno mejorará. Las hojas marchitas significan que el soñador se siente frustrado por una mala decisión que hizo.

Hombre/Mujer: Soñar con un hombre indica cosas buenas. Soñar con una mujer es una advertencia para pensar cuidadosamente antes de hacer una decisión importante y decisiva.

Hongos: Significan que el soñador pronto concebirá ataduras sociales reveladoras.

Honor: Indica que el soñador debe tomar precauciones en materia de dinero y adoptar medidas económicas en su comportamiento.

Hormigas: Soñar con hormigas sugiere que el soñador debe reorganizar su vida profesional y hacer cambios en ella. Si las hormigas se ven lentas, indica un periodo inminente de frustración y desilusión.

Horno: El soñador tienen la necesidad del calor y el amoroso contacto humano.

Hospital: Si una persona saludable sueña con un hospital, significa que teme enfermarse y morir. Soñar con ser tratado en un hospital por el personal médico, indica temor al futuro.

Hotel: Significa que el soñador está necesitando cambios en su vida. También advierte contra la toma de decisiones apresuradas.

Huérfano: Si el soñador u otra persona se quedan huérfanos, significa que una personalidad nueva y positiva entrará en la vida del soñador, la cual constituye una gran fuerza dominante.

Huerto: Si el huerto está rodeado por un cerco, significa que el soñador anhela algo inalcanzable.

Hueva de pescado: Es señal de serenidad y consuelo para el soñador.

Huevo: La apariencia de un huevo o el verse comiendo un huevo, indica que el soñador pronto aumentará su riqueza y se volverá más estable en su vida. Un huevo roto o podrido pronostica fracaso o pérdida.

Huevos: Soñar con varios huevos, significa mejora en la situación financiera. Dos huevos en un nido confirman el apoyo que se tiene por parte de una familia amorosa. ¡Tres huevos en un nido indican el aumento de familia!

Huir: Si el soñador está huyendo de algo, significa que un amigo íntimo está conspirando contra él y se está uniendo a sus enemigos. Si una persona cercana al soñador está huyendo, significa que la familia del soñador pronto aumentará en número. Un esfuerzo infructuoso por huir, indica que ciertos problemas no se han resuelto.

Humo: Soñar con humo negro advierte sobre posibles problemas en la vida familiar.

I

Importunar/Molestar: Cualquier tipo de molestia, significa cosas sin sentido, cotorreo inútil y cierta charla que lo único que busca es causar daño.

Incendio: Si el soñador se ve en un incendio, significa que pronto ganará una gran suma de dinero. Si ve que otra persona se está quemando, significa que pronto tendrá un nuevo amigo.

Infierno: Indica que el soñador es avaro y materialista, y que su mayor preocupación es tener más dinero. Soñar con el infierno no presagia nada bueno. Pueden esperarse pérdidas financieras o mucha alegría por parte de los enemigos del soñador.

Insecto (rastrero): A pesar de las connotaciones desagradables, un cambio revelador y positivo puede esperarse en la vida del soñador.

Insecto: Significa dificultades y desilusiones en la vida comercial o familiar del soñador.

Insulto: Indica que el soñador anhela un cambio en su vida (en su trabajo o lugar de residencia).

Intersección: Su significado es exactamente eso: El soñador encuentra una encrucijada en su vida y debe tomar decisiones que afectarán su destino.

Invierno: La época invernal indica éxito en un futuro cercano. Soñar con el invierno a veces se interpreta como una señal de problemas familiares, particularmente en las relaciones padre-hijo.

J

Jardín: Buenas noticias: un matrimonio exitoso, prosperidad económica y abundancia material. Un jardín lleno de flores significa un negocio que se expande y paz interna. Un jardín lleno de verdor indica la necesidad de tomar medidas preventivas.

Jarra: Es un símbolo de buena suerte. Si la jarra está llena, significa que la suerte es buena.

Jarrón: Indica que el soñador es egocéntrico y que sólo ve por su propio bien, y también, que debe demostrar mayor tolerancia y sensibilidad hacia los demás.

Jaula: Si una mujer soltera sueña con una jaula, es señal de que pronto recibirá una propuesta de matrimonio. Si es un hombre el que sueña con una jaula, significa que se casará prematuramente. Dos pájaros en una jaula indican una vida de casados, maravillosa y feliz.

Jazmín: Indica que el soñador no está explotando, ni siquiera un poco de sus talentos y habilidades.

Jirafa: Significa problemas sexuales serios, particularmente si el soñador es un hombre soltero.

Joroba: Indica éxito inminente.

Joyería: Es señal de que el soñador tiene suerte. Joyería rota anuncia desilusión. Recibir joyería como regalo significa un matrimonio feliz. Joyería que se pierde en un sueño, sugiere que los problemas fueron causados por el juego.

Juego: Si el soñador está participando en un juego, significa que pronto recibirá buenas y agradables noticias. Si el soñador está mirando simplemente un juego, significa en realidad, que tiene celos de uno de sus amigos.

Juego de azar: Soñar con jugar en una mesa, significa pérdida futura en los negocios.

Juez: Indica claramente que el soñador no debe juzgar con tanta facilidad a los demás o determinar su culpa o inocencia.

Juguetes: Limpios y bien guardados, son señal de felicidad y alegría para el soñador. Unos juguetes rotos significan tiempos difíciles y tristes.

Juicio: Significa que el soñador tiene una naturaleza conservadora. Vive una vida plena y tranquila, pero no es espontáneo y no rompe su rutina con facilidad.

L

Labios: Labios carnosos significan felicidad y alegría para el soñador. Labios pálidos y delgados indican angustia y dolor.

Lagarto: Es una advertencia sobre una persona, la cual por sus malas intenciones está conspirando contra el soñador y éste debe tener cuidado.

Lago: El soñador pronto disfrutará de los frutos de sus labores pasadas. Pueden esperarse realizaciones positivas en su vida.

Lágrima: Indica cambios emocionales extremos. Si el soñador se ve vertiendo lágrimas en un sueño, significa que disfrutará de un futuro color de rosa con eventos llenos de felicidad.

Lamento: Indica pérdida, sufrimiento y dolor.

Lámpara/Linterna eléctrica: Soñar con una lámpara luminosa significa que el soñador es una persona honrada y busca justicia. Una lámpara apagada indica una cierta sensación de turbación y confusión.

Laureles: Esta es una imagen rara en un sueño, la cual simboliza honores venideros, gloria y fama en la vida del soñador.

Lavandería: Es una advertencia. El fracaso y los problemas familiares pronto llegarán.

Leche: Comprar leche pronostica tiempos mejores; vender leche, éxito y buena suerte; leche hirviendo, el éxito que sigue a un gran esfuerzo; leche agria y echada a perder, problemas familiares.

Lechuga: Indica problemas que se relacionan en general con la sexualidad y la vida amorosa de una persona.

Legumbres: Significan éxito económico y prosperidad en los negocios.

Lentes/Binoculares: Indican que el soñador experimentará una gran mejoría en su vida, y las cosas que no le eran lo suficientemente claras o inciertas, podrán ser aclaradas y comprendidas.

León: Es señal de que uno de los amigos del soñador tendrá mucho éxito y éste en el futuro, se beneficiará favorablemente por este éxito y recibirá la ayuda de su amigo.

Leopardo: Es una advertencia. Un enemigo está intentando dañar al soñador y puede que tenga éxito.

Levadura: Indica buena vida, abundancia y situación económica satisfactoria.

Ley: Todos los elementos relacionados con la ley (incluso juzgados, policías, abogados, etc.) son una advertencia para el soñador, y por lo tanto deben pensarse con cuidado antes de tomar una decisión que involucre asuntos financieros.

Libro: Soñar con un libro significa gran éxito relacionado con leer o estudiar, lo cual llevará al soñador a obtener reconocimiento y logros financieros en su profesión. Si se ve leyendo un libro significa que el soñador hará un viaje que tendrá gran importancia en su vida.

Limón: Significa desesperación como resultado de un gran amor y desilusión para la pareja de uno.

Limpieza: Si el soñador se ve limpiando diversos objetos, significa que pronto tendrá que cargar sobre sus espaldas una carga pesada y experimentar sentimientos que lo oprimen sin darle descanso.

Línea: Si el soñador se ve parado en una línea, indica que una relación con un viejo amigo, rota por una discusión, pronto se renovará.

Lobo: La apariencia de un lobo en cualquier sueño, significa malas noticias. Las noticias serán peores si el sueño es sobre una jauría de lobos.

Locura: Soñar con locura de cualquier tipo, en realidad es señal de buena suerte; predice felicidad, prosperidad y éxito.

Loro: Un loro en su travesaño, sugiere que el soñador disfruta con los chismes o es una víctima de las murmuraciones.

Luna: Simboliza un gran éxito en el amor.

Luz: El significado del sueño cambia según la intensidad de la luz. Una luz luminosa y brillante, riqueza y felicidad; una luz empañada, desilusión y depresión; una luz verde, celos del soñador.

LI

Llama: Llamas o una llama indican la erupción de rabia contenida. Dominando una llama, significa que el soñador pronto recibirá buenas e inesperadas noticias.

Llamar (por su nombre): Cuando el soñador es llamado por su nombre o llama a otro por su nombre, es señal de que pronto entrará en un buen periodo con respecto al romance y al matrimonio.

Llave: Cualquier situación que involucra una llave (excepto la pérdida de una llave) significa buenas noticias: éxito en la vida personal, social, financiera y familiar de uno. La pérdida de una llave es una advertencia sobre ciertas cosas por venir.

Llorar: Por lo general, llorar en un sueño anuncia buenas noticias c indica que habrá razones para celebrar. Sin embargo, a veces, puede verse como un signo del dolor de un amigo.

Lluvia: No presagia nada bueno. Lluvia leve y ligera, indica que el soñador tendrá que enfrentarse a la desilusión y a la frustración; lluvia fuerte y martilleante, significa que el soñador tendrá que hacerle frente a situaciones que le causarán desaliento y depresión.

M

Madre: La naturaleza de la relación entre el soñador y su madre es de suma importancia. Normalmente soñar con una madre habla de embarazo en un futuro cercano. Sin embargo también puede significar: amistad, honestidad, sabiduría, gran generosidad y una vida de casados exitosa.

Macho cabrío: Es el símbolo del demonio, el diablo o un espíritu malo.

Maestro: Indica que el soñador debe examinar su situación financiera y social, y actuar con cuidado.

Magia: Predice cambios para mejorar la vida del soñador, sobre todo en las finanzas y la salud.

Maldecir: Si el soñador maldice, esto sugiere que se cumplirán sus metas y objetivos después de un gran esfuerzo. Si el soñador está siendo maldecido por alguien más, significa que tiene enemigos que conspiran contra él.

Maleta: Si la maleta pertenece al soñador, indica que pronto tendrá que enfrentar ciertos problemas. Si la maleta pertenece a alguien, significa que pronto se embarcará en una aventura.

Manchas: Estes sueño indica dificultades, frustraciones y temores.

Manejar: Si el soñador es el chófer, significa que siente la necesidad de actuar de manera independiente en su vida. Si otra persona está manejando es señal de que el soñador confía en él. Soñar con darse prisa insinua que el soñador padece problemas emocionales.

Mano: Una mano sucia significa que el soñador está enfrentando un periodo difícil en su vida. Si tiene una mano sujeta indica que su tristeza se convertirá en felicidad y alegría.

Mansión: Si el soñador está parado junto a una mansión lujosa, indica tiempos buenos y agradables. Si el soñador entra en la mansión, significa pérdida de mando, así como nerviosismo e impaciencia.

Manta: Indica tiempos mejores y una vida feliz. Si la manta es gruesa y está decorada primorosamente, habrá más felicidad en la vida del soñador.

Mantequilla: Soñar con mantequilla significa que el soñador no se ha enfocado en sus asuntos y que en lugar de concentrar sus esfuerzos en una área determinada, se ha extendido superficial-mente por demasiadas áreas y por lo tanto, no tiene éxito en ninguna.

Manzana: Si el soñador se ve comiendo una manzana predice un futuro color de rosa. Si es agria la manzana, es señal de que el soñador pronto se verá defraudado o experimentará un fracaso.

Máquinas: La máquinas usadas para pro-ducción u otra maquinaria sofisticada, indican problemas complejos en todas las áreas de la vida.

Mapa: Es señal de que el soñador puede esperar algún tipo de cambio en su vida.

Marchar: Marchar a lo largo de un camino desigual hace pensar en las equivocaciones y la falta de comunicación en el entorno del soñador.

Margarita: Una margarita predice tiempos mejores acompañados por felicidad y confianza interior.

Marinero: Soñar con un marinero o verse como un marino, indica infidelidad sexual.

Mariposa: Indica que el soñador está envuelto en una aventura amorosa apasionada.

Mariquita/Catarina: Si este insecto rojo con puntos negros aparece, es señal de que el soñador pronto tendrá una oportunidad dorada, la cual le permitirá cumplir sus más grandes sueños.

Martillo: El soñador deberá tener cuidado con cada uno de sus pasos y no derrochar el dinero.

Masa: Es un símbolo de riqueza, dinero y propiedades.

Máscara: Significa que el soñador es hipócrita. También le advierte de una traición por una persona cercana a él, la cual está actuando a sus espaldas en su esfuerzo por debilitarlo.

Matrimonio: Soñar con un matrimonio, particularmente si el novio está vestido con elegancia, es señal de que una gran desilusión espera al soñador o de que habrá un deterioro significativo en su estatus social.

Mecedora: Un silla mecedora vacía, es señal de que la tristeza y el dolor están llegando a la vida del soñador, como resultado de la separación de su ser amado. Alguien sentado en una silla mecedora, es señal de estabilidad material y económica, así como de una gran felicidad personal.

Medicina: Cualquier tipo de ·medicina en un sueño, significa que en un futuro cercano, la vida del soñador será perturbada temporalmente por molestias y penalidades.

Médium (clarividente): Soñar con una persona que actúa como intermediario entre el mundo de los vivos y el mundo de los muertos, predice que el soñador sufrirá una crisis seria en un futuro cercano.

Melocotón: Pueden esperarse oportunidades para que disfrute el soñador, experiencias agradables en el futuro.

Melón: Significa que el soñador puede esperar cambios para mejorar su vida.

Mendigo: Si el soñador se ve ayudando a un mendigo, significa que debe esperar cosas buenas en todos los aspectos de su vida. Si el soñador le niega su ayuda al mendigo, significa pérdida.

Mentira: Si el soñador u otra persona mienten en un sueño, es una advertencia para tener cuidado con un trato dudoso o un fraude.

Mesa: Este sueño simboliza lo que ha logrado una persona en la vida. Una mesa fija significa una vida familiar cómoda. Una mesa de trabajo, una mesa de operaciones, un escritorio, etc., se interpretan según el contexto de su apariencia en el sueño.

Miel: Simboliza felicidad y alegría. El soñador logrará sus objetivos y gozará de los frutos obtenidos por su labor y sus esfuerzos.

Molestia: Si el soñador expresa molestia o enojo, es señal de que su vida será feliz y exitosa.

Monedas: Una moneda de oro indica que el soñador ha salido para disfrutar de la naturaleza. Gastar una moneda predice un día triste. Una moneda de cobre significa una carga pesada y una responsabilidad seria. Una moneda brillante significa éxito en el romance.

Monje/Monja: Indica que los problemas del soñador y sus desgracias pronto se resolverán y que el soñador disfrutará un periodo de tranquilidad y serenidad.

Mono: Significa que el soñador tiene una relación infiel con un conocido íntimo.

Monstruo: Si en el sueño, un monstruo aparece en formas diferentes, significa que el soñador sufre de temor extremo.

Montaña: Si el ascenso es muy difícil, pronostica ciertos obstáculos que el soñador se esforzará por superar. Una ascensión fácil y rápida, significa que el soñador posee la habilidad de enfrentar con éxito las crisis. Si se encuentra con otras personas durante la subida, significa que el soñador tendrá que buscar ayuda de los demás en su camino hacia el éxito.

Morena (persona): Soñar con una persona de piel morena sugiere que al soñador le falta cierta emoción y excitación en su vida. También indicar dificultades por cierta tensión sexual.

Mosca (insecto): Este sueño indica molestias cotidianas y preocupaciones.

Mostaza: Es una advertencia. Tenga cuidado con tomar un mal consejo.

Motor: Simboliza el deseo por ser líder y estar en el centro de atención.

Mozo: Indica una personalidad ambiciosa y esfuerzo por mejorar la situación financiera.

Mudo: Indica que el soñador debe guardar un secreto o de otro modo sufrirá daño.

Muerte: Contrariamente a lo que uno podría esperar, soñar con la muerte anuncia una vida larga y provechosa. Soñar con la muerte de una persona, que en realidad está enferma, significa que pronto se recuperará.

Murciélago: Es una advertencia sobre la llegada de malas noticias.

Música: Música armoniosa y agradable significa éxito y una buena vida. Sonidos discordantes y repetidos, son signos de interrupción durante un viaje o una larga excursión.

Muslo: Significa que habrá recuperación de una enfermedad o que terminarán los problemas de salud.

N

Nacimiento (de animales): Indica que el soñador tiene enemigos que están actuando a sus espaldas; sin embargo, podrá superar este obstáculo y tendrá éxito al lograr sus objetivos y metas.

Nacimiento (de personas): Si una persona soltera sueña con el nacimiento, significa que ciertos problemas, pronto se resolverán. Si una persona casada sueña con el nacimiento, es señal de que pronto tendrá una sorpresa agradable.

Nadar: Si el soñador se ve nadando, es una advertencia contra tomar riesgos innecesarios o apostar en un juego, lo cual provocará pérdidas significativas.

Naranja: Comer o ver una naranja en un sueño, hacen pensar en una mejoría significativa en el estilo de vida personal.

Narciso: Un narciso indica que el soñador tiene problemas relacionados con su sexualidad.

Nariz: Si el soñador se ve en el sueño con una nariz grande, indica gran riqueza y prosperidad económica. Una nariz pequeña significa que uno de los miembros de la familia del soñador, deshonrará a la familia.

Navegar: Este sueño predice un mejor futuro y una amplia variedad de oportunidades que se abren ante el soñador.

Nerviosismo: ¡Las buenas noticias están en camino!

Nido de pájaro: Un nido de pájaro vacío significa problemas. Un nido que contiene huevos indica un futuro color de rosa.

Niebla: Si el soñador está enmedio de la niebla, es señal de que sus planes se cumplirán. Si se ve la niebla a lo lejos, indica desavenencias entre el soñador y aquellos que están cerca de él.

Nieve: Cualquier tipo de nieve en un sueño indica fatiga extrema.

Niños: Si una mujer sueña con niños, significa que está satisfecha con su vida familiar. Si un hombre sueña con niños, significa que puede esperar un periodo de tranquilidad con respecto a su vida hogareña.

Noche: La oscuridad y la noche significan falta de claridad mental, así como confusión y ausencia de franqueza en la vida del soñador.

Nómada/Vagabundo: Si el soñador se ve como un vagabundo, significa que tienen un deseo ardiente por un cambio en su vida.

Nombre: Si el soñador oye a alguien llamándolo por su nombre, es señal de que pronto requerirá ayuda de alguien cercano a él.

Nota: Si el soñador recibe una nota, significa que aunque requiera la ayuda de sus amigos, ellos no se la ofrecerán.

Noticias: Extrañamente, las buenas noticias en un sueño advierten de problemas y molestias.

Las malas noticias, sin embargo, anuncian buena suerte y éxito en un futuro cercano.

Novia: Significa virginidad, falta de madurez y experiencia en la vida.

Novillo (animal): Indica honestidad y rectitud del soñador, los cuales son los rasgos de su carácter más sobresalientes. Si en el sueño aparece más de un novillo, indica que es el tiempo adecuado para tomar riesgos.

Nudo: Cualquier nudo en un sueño es señal de problemas económicos y pérdidas financieras.

Nuez: Es señal de matrimonio con una pareja rica. Comer nueces en un sueño, indican que el soñador es derrochador y extravagante.

O

Océano: Significa un deseo por un nuevo principio, o retiro y contemplación interna. Un mar tranquilo y un horizonte claro representan un futuro color de rosa; un mar tormentoso predice un peligro inminente.

Oculista: Es una advertencia para que el soñador mantenga sus ojos bien abiertos y esté consciente de su situación para no dejar pasar cualquier oportunidad que se le presente en su vida.

Oficina: Si el soñador se ve trabajando en una oficina, significa problemas financieros. Dirigir una oficina significa ambición y la habilidad para superar obstáculos.

Olla: Si el agua de la olla está hirviendo, es una advertencia sobre la pérdida de recursos. Si el agua no ha hervido todavía, predice éxito y buena suerte.

Opera: Soñar con una ópera la cual es desagradable a los oídos del soñador, es señal de crisis y conflictos, de fracaso y alboroto interno. Si el soñador participa en una ópera, simboliza un deseo por revelar un talento oculto que aún no ha salido a la superficie.

Oponente/Rival: Un sueño con un oponente, es señal de que los deseos del soñador, pronto se harán realidad.

Oración: Si el soñador está orando, es señal de que una etapa favorable, llena de felicidad y alegría, está acercándose. Si la oración tiene lugar sin la presencia del soñador, es señal de que los actos del soñador son perjudiciales para los demás.

Oro: Encontrar oro en un sueño significa que el soñador conseguirá grandes cosas y realizará las metas que se ha fijado. Perder oro significa que el soñador subestima los problemas importantes. Tocar oro significa que el soñador tendrá una nueva afición u ocupación.

Orquesta: Escuchar a una orquesta tocando música, indica que el soñador será muy famoso. Soñar con tocar en una orquesta, predice una promoción significativa en el trabajo.

Orquídea: Este sueño confirma los fuertes deseos sexuales del soñador.

Oscuridad: Ver llegar la oscuridad o ir caminando en la oscuridad, indica que el soñador esta apenado, desconcertado e inquieto.

Oso: Cuando un oso aparece en un sueño, el soñador tendrá que trabajar duro antes de que vea los frutos de su labor. Si se ve matando un oso significa que superará los obstáculos que encuentre en su camino hasta lograr una cierta meta.

Oveja: Este sueño muestra que valdrá la pena para el soñador seguir tenazmente el camino escogido.

Oxido: Este sueño significa desilusión en el ámbito del romance.

P

Padre: Cuando el soñador es guiado por su padre, significa que pronto sucederán en su vida, eventos llenos de alegría. Si el padre simplemente aparece en el sueño, pueden esperarse molestias y problemas.

Padres: En los sueños, las relaciones padre-hijo, indican varios problemas familiares (no necesariamente con los padres).

Paja: Este sueño refleja los sentimientos negativos del soñador. Su fin y su destrucción.

Pájaros: Si un hombre rico sueña con pájaros en vuelo, es señal de que sufrirá pérdidas financieras. Si un hombre pobre o uno con problemas financieros sueña con pájaros, es señal de abundancia económica. Pájaro heridos significan que un miembro de la familia del soñador le causará un daño a él.

Pala: Atizar un fuego con una pala, indica que el soñador puede esperar tiempos mejores.

Palacio: Si el soñador se encuentra en un palacio o en un gran vestíbulo, es señal de problemas inesperados. Si no ve la entrada a ese lugar, significa que las buenas noticias con respecto al romance, ya están llegando por ese camino.

Palmas (de las manos): Si las manos están separadas del cuerpo, muestra que el soñador y aquellos cercanos a él, no se entienden. Palmas velludas, el soñador tiene una imaginación desenfrenada; palmas sucias, celos; manos plegadas, tensión emocional; manos atadas, el soñador es muy cohibido.

Paloma: Este sueño es la confirmación de una vida familiar feliz y un gran éxito económico. Una bandada de palomas pronostican un viaje o una excursión larga.

Pan: Significa que el soñador está satisfecho con él mismo y comparte éste placer con su familia. Comer pan significa buena salud.

Panadero/Cocinero: Sugiere que el soñador no tiene una conciencia clara o que está envuelto en algún tipo de conflicto; revela el deseo de ocultar una situación en la que el soñador está siendo forzado.

Pandilla: Este sueño refleja la necesidad profunda del soñador por tener pertenencias e intimidad. Una reunión violenta con miembros de una pandilla hace pensar en cierto temor por la intimidad y las relaciones cercanas.

Pantalla: Indica que el soñador padece problemas emocionales.

Pañuelo: Buscar un pañuelo en un sueño es señal de separación inminente. Si un pañuelo se encuentra con facilidad, significa que el soñador pronto recibirá un regalo.

Paquete: Recibir un paquete significa que hay cambios positivos en reserva para el soñador o para aquellos cercanos a él.

Papel (hojas): Las hojas de papel significan inquietud y falta de claridad. Limpiar y encender las hojas, es la gran oportunidad para desembarazarse de una situación problemática y darle vuelta a la hoja.

Paraguas: Un paraguas abierto significa felicidad, éxito y amor por la vida.

Paraíso: Indica un cambio para mejorar la vida de uno. La transición se manifestará al ocurrir el movimiento de las preocupaciones del mundo material a las preocupaciones del mundo espiritual.

Pared: Si la pared es sólida y vertical, el sueño representa una advertencia contra el peligro. Si la pared se está desmoronando y cayéndose, en realidad significa protección, y el soñador no sufrirá daño.

Pasaje (estrecho): Una sensación de sofocación y la falta de aire mientras se sueña con estar en un pasaje estrecho, significa que la pasión sexual del soñador es muy fuerte o sentimientos de presión y ansiedad.

Pasas: Significan derroche y extravagancia que necesitan ser refrenadas.

Pasillo: Si un pasillo desconocido aparece en un sueño, es señal de que el soñador debe tomar una decisión importante, la cual no será influenciada por factores externos.

Pastel: Soñar con un pastel, y si es en particular un pastel decorado festivamente, indica buena salud y felicidad.

Pastor: Indica la necesidad oculta del soñador de verse involucrado en materias espirituales.

Patata: Este sueño significa calma, estabilidad y satisfacción con la vida de uno.

Patinar (sobre hielo): Este sueño tiene dos significados: advierte sobre las adulaciones, o sobre una relación inestable con la persona a quien el soñador más ama.

Patines (de ruedas): Si el soñador se ve patinando, es una advertencia: Puede verse involucrado en un accidente en un futuro cercano.

Pato: Este sueño simboliza felicidad y buena suerte.

Pavo real: Este sueño es una advertencia contra la presunción y el orgullo excesivo.

Payaso: Este sueño demuestra que se está viviendo una vida deshonesta y falsa. El maquillaje de payaso significa que uno es hipócrita.

Pecho (cuerpo): Si es el pecho de un hombre o de una mujer, es el símbolo de una relación íntima con una persona cercana.

Pegamento: Significa confianza y una mejor posición en el centro de trabajo. Si en el sueño, el soñador se ve arreglando objetos con pegamento, advierte sobre problemas financieros.

Peine: Si el soñador se ve peinando su cabello, significa que un amigo enfermo necesita de su ayuda.

Pelea: El triunfo sobre otra persona en una pelea, es señal de que el soñador superará dificultades que están estorbándole en su camino.

Peligro: Significa éxito: entre mayor sea el peligro en el sueño, será mayor el éxito en la realidad.

Pelota (juego): Si el soñador está jugando la pelota, es una señal que recibirá pronto buenas noticias. Si el soñador ve a otras personas jugando la pelota, es señal de que tiene unos celos enfermizos por uno de sus amigos.

Peluca: Es señal de falta de confianza en la vida amorosa del soñador y conflicto al hacer la elección en el romance.

Peluquería/Salón de Belleza: Si el soñador ve que le están cortando el pelo, significa que es una persona ambiciosa. El sueño también indica que se tiene un carácter fuerte y que se es una persona que disfruta por su condición de rectitud y sus principios.

Peluquero: Soñar con un peluquero refleja el abatimiento del soñador y su depresión.

Pene: Este sueño siempre tiene una interpretación sexual, la cual dependerá del carácter del soñador.

Pepino: El soñador se verá aquejado por una enfermedad seria en un futuro cercano.

Pera: Indica que otros están chismeando y hablando sobre el soñador, sus amigos y familiares están de su parte.

Perderse: Este sueño le confirma al soñador: la frustración, confusión y descontento general que tiene con respecto a su vida; sobre todo, con cierta relación romántica en la que el soñador está envuelto.

Pérdida: Pérdidas, heridas o lesiones son interpretadas como señales de advertencia. Se debe estar alerta y consciente de los cambios en la vida o cualquier situación que represente un peligro potencial.

Perfume: Es señal de buenas noticias, en particular aquellas relacionadas con el amor.

Periódico: Significa que la reputación del soñador está siendo comprometida.

Perrera: Indica tensión emocional y falta de serenidad. Advierte sobre problemas de salud y debilidad física.

Perro: Significa que el soñador necesita seguridad en sus relaciones con los demás e indica su buena disposición para disfrutar la protección que le brinde otra persona.

Pesadez: Una sensación de pesadez, significa que el soñador está fuertemente atrapado por ciertos problemas graves e inevitables.

Petirrojo: Soñar con este pájaro normalmente se relaciona con su color rojo, el color del sexo y del amor, y hace pensar en un esfuerzo por reconciliarse con la persona que uno ama.

Pez: Un pez solitario anuncia aconteci-
mientos o significa que el soñador tendrá un hijo
brillante e inteligente. Un cardumen de peces,
significa que los amigos del soñador se preocupan
por él y que están haciendo cosas para su bene-
ficio. Pescar en un sueño significa alevosía por
parte de un amigo. Comer pescado anuncia el
éxito que sigue a un trabajo duro.

Pie: Cuando el pie de una persona aparece
en un sueño, significa que el soñador sufre de
dolencias físicas que provienen de su mente.

Piel: Si un soñador ve su piel, indica una
personalidad materialista y prosaica.

Piel (de un animal): Una piel seca anuncia
riqueza, buena suerte y felicidad. Una piel
mojada anuncia éxito, pero sólo, después de
haber dado un giro en la vida de uno.

Pierna: Si las piernas del soñador destacan,
significa que es justo, maduro y que tiene mucha
confianza en sí mismo.

Píldoras: Si el soñador ve píldoras en un
paquete o en una botella, significa que pronto se
embarcará en un viaje o en una excursión.

Pimienta: Refleja un sentimiento de orgullo
como resultado del éxito obtenido por alguien
cercano al soñador.

Pingüino: Significa que el soñador tiene un carácter aventurero y aspira seguir viajando.

Pintar: Indica que algo, que el soñador ha estado deseando por mucho tiempo, finalmente se hará realidad.

Piña: Indica días de felicidad y alegría, sobre todo en la compañía de amigos íntimos.

Piojos: Significan que el soñador padece sentimientos de desadaptación social o inferioridad.

Planchar: Es señal de un buen periodo durante el cual el soñador cooperará con éxito con aquellos que están cerca de él.

Plátanos: Sugieren que al soñador le aburre su trabajo y que siente que no están siendo aprovechadas sus habilidades. Soñar con comer un plátano indica problemas de salud.

Playa: Significa que el soñador necesita paz y sosiego, o algún descanso en la vida intensa que lleva.

Pluma: Si el soñador está escribiendo con una pluma, tendrá noticias de una persona con la cual ha estado fuera de contacto durante mucho tiempo.

Policía: Soñar con la policía a cualquier nivel, significa que el soñador pronto recibirá ayuda, la cual lo librará de la crisis en la que ahora está inmerso. Soñar con enfrentarse a la policía o ser arrestado, muestra que el soñador padece de confusión y de culpa.

Polilla: Una relación con alguien cercano al soñador se convertirá en algo forzado.

Pollo: Para aquellos involucrados con la agricultura y la crianza de pollos, este sueño predice daño. Para los demás, indica que cuentan sus pollos antes de que salgan del cascarón y por lo tanto, deben de ser más realistas.

Porche: Si el soñador está de pie en un porche, significa que las preocupaciones diarias lo están molestando.

Portero (en un hotel de lujo): Significa que el soñador sigue anhelando fervientemente continuar sus viajes por otros paises; también muestra el deseo de hacer cambios pasajeros en la vida de uno.

Premio: Soñar con ganar un premio, siempre significa lo opuesto: pueden esperarse fuertes pérdidas financieras.

Préstamo: Si alguien le pide un préstamo al soñador, significa que pronto sufrirá pérdidas financieras considerables. Si el soñador a pesar de su esfuerzo, no puede pagar un préstamo atrasado, es una buena señal, ya que predice una mejoría en su situación económica.

Príncipe/Princesa: Indica que el soñador posee la habilidad oculta para cumplir su necesidad urgente de mejorar su estatus social.

Prisión: Soñar con estar encarcelado es una advertencia sobre un mal cambio con respecto a la salud física. Soñar con un intento fallido por escapar de prisión, es una advertencia sobre un obstáculo en la vida de uno que debe ser superado. Soñar con un escape exitoso de prisión, hace pensar en el éxito y la realización de las esperanzas.

Procesión/Desfile: Una procesión o un desfile indican cambios los cuales serán introducidos en una etapa de eventos tormentosos.

Promesa: Es señal de mejoría en los negocios y en la situación financiera personal.

Pueblo: Si el soñador se ve en un pueblo desconocido, habrá cambios en su vida en un futuro cercano.

Puente: Soñar con cruzar un puente indica preocupaciones exageradas que pronto pasarán. Un puente que se derrumba es una advertencia sobre problemas económicos. Un puente interminable significa amor no correspondido. Pasar por debajo de un puente significa que el soñador debe ser paciente para poder resolver sus problemas.

Puerta: Soñar con una puerta cerrada es una advertencia contra el excesivo despilfarro y la extravagancia. Una puerta abierta a través de la cual las personas pueden entrar y salir, sugiere que el soñador pronto experimentará dificultades económicas debido a una mala dirección comercial. Una puerta giratoria indica sorpresas y nuevas experiencias.

Puerta trasera: Si el soñador se ve entrando y saliendo por una puerta trasera, indica la necesidad urgente de efectuar cambios en su vida. Si ve que otra persona es la que sale por la puerta trasera, puede esperar una pérdida financiera y no es aconsejable, por el momento, entrar en una sociedad comercial.

Puerto/Bahía: Este sueño significa molestias, conflictos con los demás, descontento y falta de serenidad.

Pulgas: Significan que la vida del soñador es caótica y sumamente desorganizada.

Pulsera: Si el soñador se ve llevando una pulsera en la muñeca, significa matrimonio en un futuro próximo.

Q

Queso (duro, amarillo): Indica que el soñador tiene un carácter difícil y obstinado, el cual aleja a sus amigos.

Querella/Riña: Si el soñador se ve envuelto en una riña, significa que alguien tiene unos celos terribles de él. Si evita la riña, tendrá suerte.

R

Ramo (de flores): Indica que el soñador siente que sus talentos no son apreciados.

Ranas: Simbolizan una vida: buena, feliz y sin preocupaciones.

Rascar: Este sueño significa que se tienen preocupaciones infundadas.

Rastrillo (herramienta): Indica el gran esfuerzo y el trabajo duro que se debe esperar en el camino del triunfo.

Rata: Es señal de que una persona muy cerca del soñador está conspirando contra él. Si un nido de ratas aparece, significa que la salud del soñador es muy pobre.

Ratón: Advierte del daño potencial al soñador como resultado de la interferencia innecesaria de los demás en su vida.

Rayos X: Significa miedo de tener una salud pobre o serios problemas financieros.

Recetas: Soñar con un libro de recetas indica que el soñador ha sido favorecido con una buena salud física y mental.

Recitar: Aprender un texto de memoria, es una advertencia sobre los problemas que el soñador debe enfrentar y superar. Este sueño es señal del éxito extraordinario que el soñador disfrutará en cualquier actividad que elija.

Reconciliar: Si el soñador se reconcilia con una persona con la cual ha peleado y roto sus relaciones, hace pensar en buenas noticias.

Refugio: Buscar donde refugiarse, significa que el soñador tiene mucho miedo de sus enemigos. Construir un refugio, significa el deseo de escapar de los enemigos personales.

Regalo: Si el soñador recibe un regalo de alguien, significa que la persona que se lo da está tramando algo contra él, intentando engañarlo.

Regla (para dibujar líneas): Indica que el soñador necesita ser objetivo y honrado al juzgar a los demás, aunque esto no sea posible.

Reina: Indica que el soñador pronto recibirá ayuda de aquellos cercanos a él.

Relámpago: Este sueño anuncia, en particular, buenas noticias, sobre todo si están relacionadas con la agricultura y los cultivos.

Religión: Soñar con un evento religioso significa que vendrá un futuro positivo y exitoso: el soñador disfrutará de tiempos mejores.

Reloj: Cualquier clase de reloj confirma el carácter del soñador orientado hacia sus logros o a su realización actual; también significa riqueza y abundancia.

Reproche: Si el soñador se ve culpándose de algo, sugiere que se verá involucrado en un pelea próximamente. Si el soñador culpa a alguien más, significa que pronto reñirá con sus socios.

Reptiles: Cualquier tipo de reptil normalmente es señal de conflictos u obstáculos que esperan al soñador.

Rescate: Si el soñador es rescatado en su sueño, indica que siguió un mal camino o se equivocó, y le advierte contra tomar cualquier decisión importante.

Restaurante: Normalmente significa amor y romance, pero también puede indicar que al soñador le falta una relación familiar cálida. Además, puede significar sensualidad y amor a la buena vida.

Retraso: Si el soñador llega tarde, a pesar de sus esfuerzos por llegar a tiempo, confirma el hecho de que las personas valoran su opinión y están esperando oír con ansias lo que él tiene que decirles.

Rey: Si un rey aparece o le habla al soñador, significa cosas buenas o un cambio para mejorar la vida del soñador.

Rinoceronte: Significa un anhelo por la potencia masculina, como resultado de los problemas sexuales.

Río: Si el soñador se ve sentado en la ribera de un río cuyas aguas son transparentes, significa que viajará pronto o continuará una excursión larga. Un río caudaloso con aguas fangosas, indica obstáculos en su camino hacia el éxito.

Risa: La risa del soñador, en realidad es una señal de las cosas tristes que ha experimentado y de las cuales es el responsable. Si otros están riéndose, es señal de que la vida del soñador será feliz y llena de alegría.

Roble: El árbol del roble es un símbolo de salud y una buena calidad de vida.

Robo: Soñarse en medio de un robo significa que alguien, en quien el soñador ha confiado implícitamente, no es digno de tal confianza.

Roca: Este sueño significa peligro y dificultades. Entre más grande sea la roca, mayor será el peligro.

Rodilla: Una rodilla ilesa significa éxito y felicidad. Una rodilla dañada indica la necesidad de tratar con ciertas dificultades que pondrán la paciencia del soñador a prueba.

Rompeolas: Es una advertencia del peligro que se cierne sobre la cabeza del soñador.

Rosas: Soñar con rosas, es un símbolo de prosperidad y éxito en todos los aspectos de la vida, y particularmente en el romance.

Rotura: Cualquier tipo de rotura en un sueño no importa que se esté haciendo, pronostica cosas malas, principalmente problemas de salud.

Rudeza: Si el soñador es rudo con alguien en su sueño, muestra que el sueño afecta la relación con su pareja.

Rueda de molino: Representa el trabajo duro para el cual no hay la remuneración suficiente.

Ruido: Si hay mucho ruido alrededor del soñador, significa que le tocará el papel de árbitro y pacificador en un conflicto entre dos personas cercanas a él.

Ruiseñor: El cortejo del ruiseñor se asocia inmediatamente con sonidos melodiosos y placenteros. Significa que el romance dominará la vida del soñador por un corto tiempo.

S

Sábanas (de lino): Sábanas de lino limpias indican que el soñador recibirá pronto buenas noticias que vienen de lejos. Sábanas de lino sucias indican pérdidas financieras o problemas de salud.

Sacerdote: La imagen de un sacerdote en un sueño, indica tiempos difíciles llenos de problemas, desilusiones, ansiedad y frustración.

Sal: Este es un sueño muy positivo que anuncia buena suerte y éxito en todas las etapas de la vida.

Salmón: Indica un obstáculo que el soñador encontrará, pero también, que el mismo lo superará por medio del poder de su voluntad.

Saltamontes: Una amenaza se cierne sobre la cabeza del soñador.

Saltar: Saltar en un sueño no es buena señal, significa que el soñador puede esperar penalidades, desilusión o frustración.

Salvajismo/Furia: Si el soñador participa en una situación desenfrenada y fuera de control, la cual le causa pánico; predice dificultades financieras en un futuro cercano.

Salvia (hierba): Soñar con salvia, significa recuperarse de una enfermedad seria, si el enfermo es el soñador o alguien cercano a él.

Sandía: Significa superstición, lo cual refleja cierto temor oculto y una ansiedad disimulada.

Sangrar: Indica problemas de salud a los que se deben de atender.

Sangre: Indica una relación no deseada, una pelea, enojo, desavenencias o desilusión (particularmente en el plano emocional).

Santo: Indica que el soñador confía en un poder superior que lo ayude.

Sastre: Es señal de que el soñador es indeciso y se deja influenciar fácilmente por los demás.

Sauce: Soñar con un sauce tiene un significado desagradable: Los errores cometidos en el contexto familiar no pueden ser rectificados.

Seda: Si una mujer sueña con seda, significa que está contenta con su familia y su vida amorosa. Si el soñador es un hombre, es señal de que tendrá un gran éxito en los negocios.

Semillas (para plantar): Significa que los planes elaborados por el soñador para el futuro, desde luego se realizarán.

Semillas: Soñar con cualquier tipo de semilla significa cosas buenas. El soñador encontrará felicidad y bendiciones a través de sus esfuerzos.

Separación: Significa que el soñador tendrá que hacer concesiones en su vida.

Serpiente: Soñar con una serpiente es una advertencia contra la falsedad. Si uno sueña con una mordedura de serpiente, significa que alguien cercano al soñador está mintiendo y engañándolo. Matar una serpiente en un sueño indica el fin de una amistad.

Silbato: Significa que ciertas personas están esparciendo chismes sobre el soñador.

Silla: Si se ve a alguien sentándose en una silla, anuncia la llegada de una persona que trae dinero. Una silla vacía significa que el soñador está a punto de recibir noticias de un amigo que reside en el extranjero.

Silla (de montar): Este sueño predice un viaje o una excursión, acompañados por una sorpresa.

Sirena: Soñar con algo que no existe en realidad, significa la búsqueda del amor imposible.

Sirviente: Si el soñador tiene un sirviente en el sueño, significa que su forma de vivir mejorará y que tendrá éxito financiero.

Sistema digestivo: Cualquier sueño acerca del sistema digestivo (incluyendo vómitos y diarrea) es señal de que se tienen problemas de salud o nutritivos.

Sobre: Un sobre sellado indica penalidades, complejos, frustración y dificultades. Un sobre abierto significa que el soñador superará obstáculos que no son tan formidables.

Sofocar/Estrangular: Este sueño expresa agresión y temor. Si el soñador está sofocando a alguien, significa que siente odio por él. Si es el soñador el que está siendo sofocado por otro, significa que siente un miedo aterrador por esa persona.

Soga: Si el soñador se ve atado con una soga, es señal de que ha roto (o está a punto de romper) una promesa a un amigo o ha traicionado su confianza. Subir por una soga hace pensar en dificultades en el camino hacia el éxito. Atar con una soga, indica la necesidad de controlar a los demás.

Soldado: Indica que el soñador está envuelto en conflictos o peleas.

Soltería: Si una persona casada sueña con la soltería, indica un deseo secreto de ser infiel a su pareja.

Sombras: Soñar con sombras indica que habrá una gran mejoría económica, así como ganancias monetarias significativas.

Sombrero: Si el soñador lleva sombrero, significa una inminente desilusión. Si pierde su sombrero, significa que pronto recibirá un regalo. Encontrar un sombrero en un sueño es señal de que el soñador pronto perderá un artículo pequeño. La incapacidad para quitarse el sombrero, advierte sobre una posible enfermedad.

Sordera: Todo un símbolo: ¡Lo que no sabemos, no puede herirnos!

Sótano: Indica pérdida de autoconfianza por parte del soñador. Soñar con una cava de vinos es una advertencia para no casarse con un jugador compulsivo.

Subasta: Si un hombre sueña con una subasta, es señal de que su negocio florecerá. Si es una mujer la que sueña con la subasta, significa que anhela tener dinero y vivir en la abundancia.

Subir: Cualquier tipo de subida, a una montaña, una escalera de mano, etc., significa que el soñador superará todos los obstáculos que encuentre en su camino para lograr sus objetivos.

Subir de peso: Anuncia tiempos malos para el soñador en un futuro cercano.

Suciedad: Soñar con suciedad, particularmente si aparece en el vestir, significa que deben atenderse ciertos problemas de salud. Soñar con caer en algo sucio o en la basura, predice que el soñador se mudará de casa en un futuro cercano.

Suegra: Si el soñador discute con su suegra, significa que quiere paz en su hogar.

Sueldo: Si una persona sueña con un aumento de sueldo, es una advertencia sobre un próximo incidente.

Sufrir: Contrariamente a lo que se puede esperar, soñar con dolor o sufrimiento, en realidad indica felicidad, alegría y sonrisas; las cuales aparecerán en el camino del soñador en un futuro cercano.

Suicidio: Indica que el soñador desea desembarazarse de una situación difícil.

Sumas: Una suma incorrecta, en realidad es una advertencia contra ciertas negociaciones comerciales poco productivas.

Suspiro: Un sueño en el cual el soñador suspira, indica un periodo favorable, y significa que el soñador no le debe nada a nadie.

T

Tabaco: Soñar con tabaco en cualquier forma, o si el soñador u otra persona en el sueño están fumando, indica que los problemas del soñador pronto se resolverán y que su carácter es indulgente y mesurado.

Talón: Un talón roto significa que el soñador tendrá que enfrentar problemas y penalidades en un futuro cercano.

Taller: Indica que el soñador se siente capaz de lograr todo lo que aspira. Cualquier tarea que emprenda, tendrá éxito.

Tarde: Soñar con una tarde agradable, predice que el soñador disfrutará pronto de un periodo de calma y tranquilidad.

Taxi: Si el soñador se ve llamando a un taxi, el cual sigue de largo sin detenerse, es una advertencia contra ser demasiado ingenuo. Si el soñador llama a un taxi tranquilamente, puede esperar una carta con buenas noticias en un futuro cercano.

Taza: Una taza llena de líquido es señal de buena suerte. Una taza vacía significa escasez. Una taza de color oscuro indica problemas en el trabajo o en el negocio. Una taza de color claro indica un futuro luminoso. Una taza con el líquido derramado predice peleas y tensión en la familia.

Té: Sugiere que el soñador debiera tener más firmeza al dar sus opiniones y ser más disciplinado en sus hábitos.

Teatro: Significa que el soñador tiene un fuerte deseo por romper su rutina y mostrar sus talentos y su creatividad.

Tejado: Si un tejado o la construcción de un tejado aparecen en un sueño, muestran el progreso en la vida de uno. Subir hacia un tejado, es señal de que se cumplirán las ambiciones personales, y si se sube con rapidez, el éxito llegará más pronto. Un apartamento en el ático, indica éxito y prosperidad.

Tejer: Soñar con tejer algo es señal de buena vida. Si la aguja del tejido o la pelota de lana se caen, es una advertencia para el soñador sobre sus enemigos.

Tejón: Indica el temor de que alguien se esté aprovechando del trabajo del soñador.

Telaraña: Una telaraña tejida alrededor del soñador, significa que logrará sus objetivos a pesar de los obstáculos que encuentre en el camino.

Teléfono: Si el soñador está hablando por teléfono, puede esperar éxito sin discusión. Un teléfono que suena en un sueño, significa que un amigo necesita ayuda. Un teléfono silencioso, indica el hecho de que los sentimientos del soñador están contra él.

Telescopio: Indica posibles cambios en la carrera del soñador o en su vida profesional.

Tenis: Es señal de que el soñador siente la necesidad de ser popular y tener éxito social.

Tentación: Si el soñador es incitado por otra persona para realizar un acto delictivo, el sueño es una prueba y una advertencia: ¡No hagas que la tentación te lleve por caminos prohibidos en la vida real!

Teñir: Si el soñador se ve tiñendo en un sueño, indica una conciencia perversa o ciertos sentimientos de culpa. Si otra persona está tiñendo, significa que el soñador está intentando librarse del tener cierta responsabilidad sobre esa persona.

Terciopelo: Este sueño significa problemas, discusiones y peleas familiares.

Testamento: Escribir un testamento en un sueño, es actualmente, señal de una vida larga y feliz.

Tiburón: Significa que el soñador, en cierta forma o inconscientemente, le tiene temor a la oscuridad.

Tienda/Comercio: Si el soñador realmente trabaja en una tienda, indica problemas comerciales. Si el soñador no posee una tienda, y sueña que está caminando entre los productos en venta, es señal de que puede esperar tiempos mejores y placenteros.

Tienda (de campaña): Significa protección y seguridad. En el futuro, el soñador no se enfrentará con molestias o desilusiones.

Tierra: Simboliza abundancia y las cosas buenas que esperan al soñador. Tierra árida indica desacato hacia los demás y necesidad de búsqueda interior.

Tijeras: Una persona cercana al soñador está pretendiendo ser su amigo; sin embargo no lo es.

Tobillo: Si el tobillo del soñador aparece en el sueño, significa éxito y solución de los problemas. Si aparece el tobillo del cónyuge, indica que el soñador está siendo infiel, o lo contrario.

Tomate: El soñador tiene una gran necesidad por los compromisos sociales.

Toro: Si una mujer sueña con un toro, es señal de que ella no se satisface sexualmente. Si un hombre sueña con un toro, significa que se relaciona brutalmente con las mujeres.

Toronja: Indica problemas de salud y falta de energía y vitalidad.

Torre: Si el soñador se ve parado en la cima de un edificio alto, significa que sufrirá dificultades financieras, pero tendrá una vida llena de felicidad. Subir una torre en un sueño, indica problemas con los negocios. Bajar por una soga de una torre, significa éxito económico y prosperidad.

Torrente: Indica peligro en el horizonte. Superar un torrente o una impetuosa corriente de agua, indica superación de obstáculos y obtener éxito como resultado del trabajo duro.

Tortuga: Este sueño predice desilusión en la vida amorosa de uno.

Tortura: Este sueño expresa un miedo indefinido o sentir unos celos desenfrenados.

Trampa: Si el soñador entra en una trampa, indica que es un tipo desconfiado, y que no se fía incluso de aquellos que no lo merecen. Si el soñador pone la trampa, es señal de que pronto perderá un caso judicial.

Trébol: Debido a la forma de sus hojas, el trébol significa bifurcación en el camino del soñador.

Triángulo: Muestra que hay un conflicto en la mente del soñador, relacionado con escoger a su pareja matrimonial.

Tristeza: Un sentimiento de tristeza y depresión, en realidad significa exactamente lo opuesto: El soñador puede esperar un periodo lleno de felicidad y alegría en un futuro cercano.

Trigo: Este sueño significa abundancia, éxito y riqueza material.

Trompeta: Si se oye en un sueño, significa un cambio para mejorar. Si el soñador está tocando la trompeta, significa que tendrá éxito superando las dificultades que tiene enfrente.

Tumba: Soñar con una tumba significa todo lo que al soñador le está faltando: salud para una persona enferma, dinero para alguien con medios limitados, matrimonio para una persona soltera, etc.

Túnel: Manejar a través de un túnel, significa falta de confianza. Si el soñador se ve atrapado en un túnel, significa que está intentando evadir ciertas responsabilidades.

U

Ulcera (estómago): Indica descontento, así como cierta turbación que se manifiesta en la vida diaria.

Unicornio: Este animal mítico se relaciona con la virginidad y la sexualidad en la vida del soñador.

Uniforme (vestir): Si un uniforme aparece en un sueño (siempre que el soñador no lo esté llevando), significa que el soñador se ha visto favorecido con paz, tranquilidad y verdadero amor por aquellas personas que están cerca de él.

Universidad: Es un sueño considerado como un buen presagio: Indica ambición y deseo por lograr los objetivos, así como un gran éxito en todos los aspectos de la vida.

Uñas (dedos): Uñas largas en un sueño, significan felicidad con la pareja de uno y éxito en los negocios. Las uñas cortas advierten sobre pérdidas financieras.

Uvas: Significa sensualidad y la búsqueda del placer.

V

Vacación: Indica que la vida del soñador está a punto de cambiar para hacerla mejor, volviéndose más tranquilo y pacífico.

Vacío: Un recipiente vacío o un sentimiento de vacío, advierten sobre una amarga desilusión que el soñador tendrá que hacer frente y eso lo debilitará severamente, tanto física como mentalmente.

Vagina: Soñar con una vagina tiene una interpretación sexual, la cual depende del carácter del soñador.

Vajilla (de plata): Este sueño predice un matrimonio en la familia o en un amigo cercano al soñador.

Valle: Es señal de que el soñador quiere cambiar ahí su lugar de residencia.

Vampiro: Significa que al soñador le falta confianza en sí mismo.

Vegetación: Soñar con vegetación verde es una buena señal: El soñador puede esperar sorpresas excitantes o buenas noticias.

Venda (en los ojos): Sugiere que el soñador se verá defraudado por él mismo y por aquellos que están cerca de él.

Vendaje: Si se ve llevando un vendaje es señal de que el soñador tiene amigos fieles en quienes puede confiar.

Vendedor (ambulante): Este sueño predice gran éxito financiero que ocurre de una forma extraña.

Vender: Soñar con vender las propiedades de uno, es señal de que el soñador tendrá dificultades financieras en un futuro cercano.

Venganza: Cualquier clase de venganza en un sueño significa que el soñador será culpable de causar una pelea.

Ventana: Si el soñador está mirando fijamente hacia afuera de una ventana, significa que se reconciliará con alguien con quien ha reñido. Si otra persona está mirando al soñador a través de una ventana, es un aviso sobre murmuraciones maliciosas.

Verduras: Comer verduras en un sueño refleja la naturaleza cuidadosa del soñador: No le gusta tomar riesgos innecesarios.

Verja/Portón: Una verja cerrada indica problemas sociales. Una verja rota significa que el soñador tendrá problemas con los ascensos en su trabajo. Si el soñador se ve abriendo la verja, significa que prefiere descansar a trabajar.

Vestir: Un armario lleno de ropa, significa que el soñador puede esperar pronto, problemas en diferentes áreas. Si está parcialmente vestido, podrá lograr sus objetivos. Si se está vistiendo significa progreso. Si ve que se está desnudando indica regresión. Si el soñador se viste excéntricamente, indica éxito material.

Viaje: Significa que el soñador puede esperar cambios en su vida.

Victoria: Es una advertencia contra tomar partido en una discusión en la que el soñador tiene muy poco conocimiento del asunto.

Vid: Una vid con uvas indica trabajo duro, el cual producirá prosperidad y gran éxito.

Viento: Un viento fuerte, el cual causa la ansiedad del soñador, es señal de que encontrará difícil hacerle frente a su vida cotidiana. Si el viento fuerte no lo asusta, demuestra que es capaz de enfrentar, fácilmente y con éxito los problemas.

Vinagre: Significa celos, y son uno de los rasgos principales del soñador que pueden hacerlo sufrir a lo largo de su vida.

Vino: La interpretación del vino en un sueño depende de cada cultura en particular: Algunos interpretan al vino como una señal de abundancia, mientras otros lo ven como un símbolo de embriaguez y fracaso. Normalmente significa que el soñador puede esperar fiestas familiares.

Viña: Significa éxito en el terreno económico, particularmente en el terreno del romance.

Violación: Si una mujer sueña con que es violada, indica una relación accidentada con su pareja.

Violencia: Indica presión, ansiedad o llanto de una persona; ya que estos son los elementos que el soñador encuentra en su sueño.

Violetas: Indican amor por la buena vida, sensualidad y búsqueda del placer.

Violín: Si se oye un violín en un sueño, significa que el soñador está ganado popularidad en los círculos sociales. Si las cuerdas del violín se rompen, significa que el soñador ama la paz. Afinar un violín, indica una aventura amorosa inminente.

Voces: Oir voces en un sueño (sin ver de donde vienen), significa que el soñador pronto experimentará sentimientos de dolor, tristeza o depresión.

Volar: Si el soñador se ve volando en el cielo, indica que no tiene los pies firmemente plantados sobre la tierra. No está consciente de su situación financiera y debe tratar de ahorrar más dinero y volver a pensar en sus estrategias económicas.

Volcán: El soñador tiene una necesidad urgente de controlar sus emociones.

Vomitar: Indica que se tiene una conciencia intranquila. El soñador se atormenta porque sus acciones no son las correctas.

Votar: Votar con una papeleta, confirma la necesidad del soñador por los compromisos sociales y el deseo de ser influyente.

Voto: Si el voto del soñador es el voto decisivo, significa falta de confianza, una pobre imagen de sí mismo, y una naturaleza poco práctica.

Y

Yema de huevo: Tiempos mejores están en camino. Si un jugador sueña con la yema de un huevo, significa que tendrá éxito al jugar.

Z

Zanahoria: Significa que el soñador no está viendo por sus problemas y prefiere ignorarlos.

Zarzas: Advierte sobre fracasos financieros o pérdida del estatus económico.

Zodiaco: Es un símbolo de prosperidad y éxito: económico y social, el cual sigue al gran esfuerzo realizado y al trabajo duro.

Zoológico: La visita a un parque zoológico es señal de un futuro bueno y exitoso.

Zorro: Indica que el soñador es estimado por aquellos cercanos a él y que disfruta de una buena reputación. Si el soñador se ve cazando un zorro, significa que se aleja de la realidad.

Contenido

TÍTULOS DE ESTA COLECCIÓN

Impreso en los talleres de
MUJICA IMPRESOR, S.A. DE C.V.
Calle Camelia No. 4, Col. El Manto,
Deleg. Iztapalapa, México, D.F.